2級建築士試験

わかる！できる！
構造力学

青田道保

水曜社

はじめにお読みください

　私が、1986年7月に、建築士専門受験塾「青田学習会」を札幌市で旗揚げしてから、30年以上の月日がたってしまいました。当会をスタートさせてから、2008年9月まで、「建築士講習会」は続きました。
　この間、たくさんの1、2級建築士受験生を指導してきました。もちろん、指導科目の中には「構造力学」があったわけです。
　書店に通い、建築士受験のほとんどの参考書に目を通しましたが、いつも思っていたことは、
「どうして、こんなに構造力学の参考書はわかりづらく書かれているのだろう」ということでした。
　わかりづらさにも、いろいろあります。
・説明がむずかしすぎるもの。
・説明が省略されすぎて、わかりづらいもの。
　そして一番最悪なのが、
・著者が構造力学を「わかっていない」ために、ごまかした説明をしているもの。

　これは何とかしなければと思いながら、22年がたってしまいました。
　当会での説明はほとんど、私オリジナルのものです。受講生にも、いろいろいて、「構造力学なんて初めてです」という生徒もたくさんいました。
　そういう生徒でも、試験前日には、大学の建築科出身の人よりも、よっぽど「構造計算」が得意になって、2級建築士の試験では、「構造計算は全部できました」といってくれた生徒も一人や二人ではありません。

以前から、「構造力学」の参考書を書いてくれないか、と言われ続けて、昨年、ついに重い腰をあげ、執筆を始めました。22年間、構造力学を指導してきて培われたノウハウを詰め込んだつもりです。
　この本は2級建築士受験生のためだけに書いたつもりはありません。広く、構造力学を学ばれる方や、すでに建築士の資格を持っている方にも読んでほしいと思います。なぜなら、建築士でも正しい構造力学の知識を持っている人は、ほんの一握りだからです。
　それに加えて、昨今の建築業界の状況があります。「構造計算は苦手だ」では済まなくなってきています。まるごと一軒の構造計算はできなくても、図面や建物をみて、「ちょっと弱いようだ」と思える知識と経験が必要になっています。
　2級建築士の構造力学の問題は、このためには格好な題材といえます。

　構造力学の本質は年を経ても変わることはありません。
　この本を、参考書としていつまでもお手元に置いていただくことを希望いたします。また、この本で勉強されて、少しでも構造力学を理解し、少しでも構造計算が好きになっていただければ、著者としてこれ以上の喜びはありません。

2016年9月

青田　道保

本書の特徴

　この本では、過去に出題された2級建築士試験問題の中から典型的なものを70題選び出して解説し、構造力学の基礎を学んでいきます。
　本書の特徴は、
　1. なるべく、難解な用語を使わないようにしました。
　2. 講習会を再現したいために、説明文を話し言葉に近いものにしました。
　3. 構造力学の基礎知識は、問題の解説の中で説明しました。
　4. 見てわかるものは、あえて計算式を入れませんでした。
　……などです。
　次に、構造力学を勉強していて、わからなくてつまずきやすい箇所を、あらかじめ、抜き出してみました。それを解説しているページも以下のように付けておきましたので、参考にしてください。

　1. モーメント計算の距離の考え方について　p.7　p.17
　2. 力の「＋」「－」の符号の付け方について　p.15
　3. 曲げモーメントの符号について　p.48
　4. モーメント荷重について　p.71

　また、「？」を用いることで、説明を簡単にしたり、値の大小関係を求める問題では、大小に関係ないことがらは、式から除外するなどの工夫をしています。
　お願いがあります。「わかっているから」と飛ばさないで、最初から読み続けてください。一度説明したことを、都合上、自明のこととして説明していない部分があるからです。もちろん、大切なところや、復習したいところは、何度も説明しています。
　この本を読み終わるころには、きっとみなさんも構造計算が得意になっていると思います。

目次

1. 力のつりあい 6
2. 偶力モーメント 10
3. 反 力 12
4. 断面二次モーメント　断面一次モーメント・剛度・剛比 22
5. 単 位 34
6. 座 屈 38
7. 曲げモーメント・せん断力 48
8. 曲げ応力度 76
9. トラス 92
10. 伸 び 112

1 力のつりあい

問題 1-1

図のような4つの力 $P_1 \sim P_4$ がつり合っているとき、P_4 の値として、正しいものは、次のうちどれか。

1 　1kN
2 　2kN
3 　3kN
4 　4kN
5 　5kN

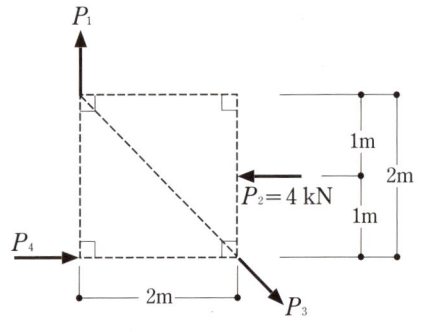

解説

　一見、何も力が加えられていないように見えて、すべての物体には色々な力（例えば引力）が加えられています。それらがうまくバランスを保って静止しているように見えるのです。

　構造力学では、このバランスを計算しやすいように、次の3つの式にまとめています。皆さんが何回も見たことがある式です。

$\Sigma X = 0$ 　……①
$\Sigma Y = 0$ 　……②
$\Sigma M = 0$ 　……③

（Σ（シグマ）はすべてを足すという意味です）

①の式は横方向の力の総和が0、横方向に移動しないことを表しています。
②の式は縦方向の力の総和が0、縦方向に移動しないことを表しています。
ということで、この2つはだいたいイメージできますね。

問題は③の式です。図1-1で、物体（石）は、水平方向の力の合計 $\Sigma X = 0$ は満たされていますが、時計回りの方向に回転しそうです。これを静止させるためには、何か別の力で時計と反対回りの回転を与えてやらなくてはなりません。

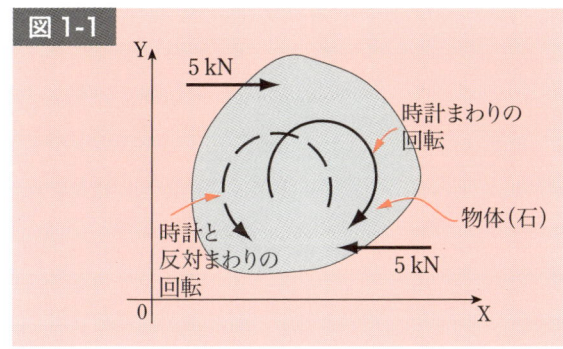

このことが $\Sigma M = 0$、つまり M（モーメント：物体を回転させる力）の合計が0になると、回転しないということなのです。

それでは、M（モーメント）はどう計算されるのでしょうか？

M を計算するためには、力 P と点 O が必要です。

図1-2のように力 P と点 O との距離（直角最短距離）を l とすれば、M は、$M = P \times l$ と表されます。

このとき力 P と点 O の直角最短距離が計測できないときは、力 P を、その作用線に移動させて l を計測します。力はその作用線上を移動させても、効果は変わらないからです。

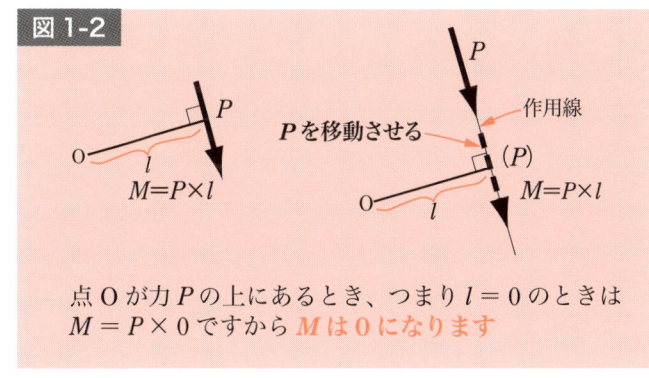

点 O が力 P の上にあるとき、つまり $l = 0$ のときは $M = P \times 0$ ですから M は 0 になります

それでは、いよいよ問題を解いてみましょう。P_1、P_3は計算に関係ないようなので、「？」としておきましょう。

値のわかっている力が1つ（P_2）、わかっていない力がP_4と「？」で3個、しかも向きは、縦横斜めとまちまちです。従って、$\Sigma X = 0$、$\Sigma Y = 0$は全然使えそうにありません。そこで$\Sigma M = 0$の登場です。

ところで皆さんは、式の中に「？」を登場させたいですか？　例えば、？×3のような…。ここでは決して式の中で使って欲しくないために、必要のない力を「？」としたのです。それでは、Mの計算の中で2個の「？」を消すにはどうしたらいいのでしょうか？

$\Sigma M = 0$の式は、Mを計算するO点がどこにあっても成り立ちます。2個の「？」を消すためには、点Oを2個の「？」との距離が0になるところに決めてやればいいのです。2個の「？」との距離が同時に0になる点は1ヵ所しかありません。2個の「？」が交わる点、つまりP_1の矢印の根元の点です（図1-3）。

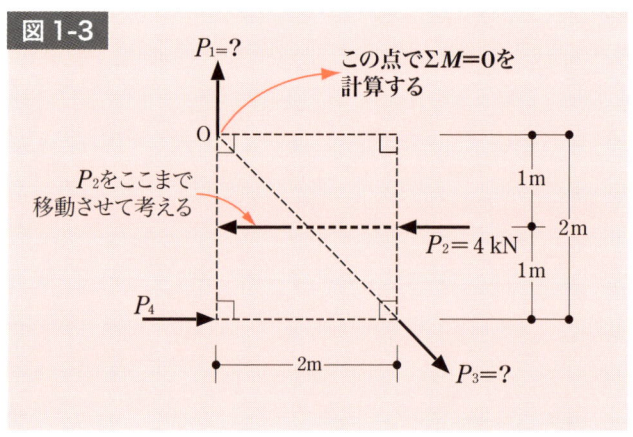

この点OのまわりにP_4とP_2の力が、回転する効果を帳消しにするようにP_4を決めればいいのです。**Mは時計回りが＋（プラス）、反時計回りが－（マイナス）と決められています。**

　点OとP_4の距離は2mですが、P_2との距離はいくらでしょうか？
　2m＋1m＝3mや$2^2＋1^2$の平方根ではありません。P_2の力を左に移動してでもいいから、直角最短距離は、あくまで1mなのです。
　やっと結論です。点O回りのMの総和は、
$$-P_4 \times 2 + P_2 \times 1$$
$$= -P_4 \times 2 + 4 \times 1$$
で、これが0になるように計算します。
力×距離の順に書いて「＋」「－」の符号は最後に付ける方がいいと思います。
　答えは、$P_4＝2$kN（kNは力の単位で、キロニュートンと読みます）です。

問題1-1 ▶▶▶ **正解　2**

Point!

- モーメントMを計算するためには力Pと点Oが必要
- 力Pと点Oまでの距離ℓがわからないときは、作用線上を移動させて直角最短距離を探す
- 距離ℓが0のときはモーメントMも0

2 偶力モーメント

問題 2-1

図のような平行な2つの力 P_1, P_2 による A, B, C の各点におけるモーメント M_A, M_B, M_C の値の組合せとして、正しいものは、次のうちどれか。ただし、モーメントの符号は、時計回りを正とする。

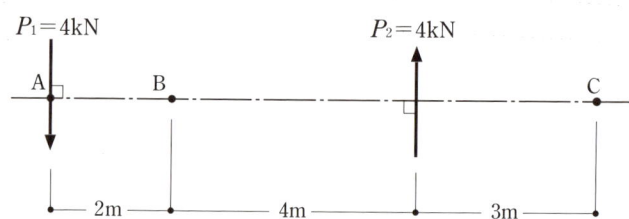

	M_A	M_B	M_C
1	24 kN·m	24 kN·m	24 kN·m
2	24 kN·m	24 kN·m	48 kN·m
3	24 kN·m	−24 kN·m	48 kN·m
4	−24 kN·m	−24 kN·m	−24 kN·m
5	−24 kN·m	−24 kN·m	−48 kN·m

解説

A、B、Cの各点ごとに前問で勉強したようなモーメント計算をしていきましょう。A点に関しては P_1 はA点を通過しているため、M は発生しません（距離 l が0だからです）。P_2 だけが距離 6m でマイナス回転です。

B点に関しては P_1 が距離 2m でマイナス回転、P_2 も距離 4m でマイナス回転です。C点については P_1 が距離 9m でマイナス回転、P_2 は距離 3m でプラス回転です。これらをまとめると、

$M_A = -4 \times 6 = -24$

$M_B = -4 \times 2 - 4 \times 4 = -24$

$M_C = -4 \times 9 + 4 \times 3 = -24$

ここで、−(マイナス)は反時計回り、+(プラス)は時計回りの意味です。

答えは **4** ですが、**すべて−24kN・m となったのは偶然なのでしょうか？**

実はA、B、C点がどこにあろうとも、たとえA点が P_1 の左側 1,500m のところにあろうとも、P_1, P_2 の2つの力による M の合計は常に一定で、−24kN・mなのです。そして P_1, P_2 のような**同じ値で、平行で、逆向きの一組の力を偶力といい、どの点で計算しても一定の値になる、この一組の力で計算されるモーメントのことを偶力モーメントといいます。**（図2-1）

つまりA、B、Cの各点で計算してもしなくとも、答えは1つの力の値と、お互いの距離を掛けた

　　$-4 \times 6 = -24$（kN・m）なのです。

この場合、符号は2つの力を見て反時計回りと判断します。

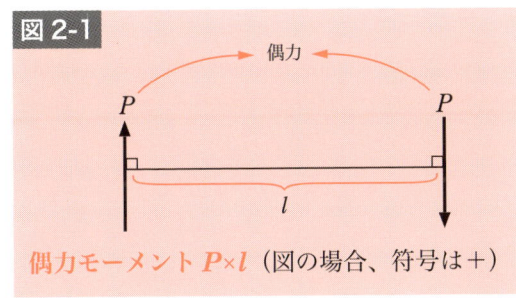

図2-1

偶力モーメント $P \times l$（図の場合、符号は+）

問題2-1 ▶▶▶ 正解 **4**

POINT!

- 同じ値で、平行で、逆向きの一組の力を偶力という
- 偶力モーメントは、どの点で計算しても同じ値

3 反 力

問題 3-1

図のような荷重を受ける単純ばりの支点 B に反力が生じない場合の荷重をそれぞれ P_1, P_2 としたとき、それらの比 $P_1:P_2$ として正しいものは、次のうちどれか。

	P_1	:	P_2
1	1	:	1
2	1	:	2
3	1	:	3
4	2	:	1
5	2	:	3

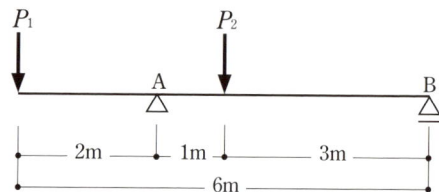

解説

荷重によって支点に生ずる力を反力といいます。荷重と反力を合わせて、外力といいますが、まず反力の種類について説明しましょう。

設問の A 点と B 点の表現が違いますね。**B 点では、三角の下に短い線があります。これは横に滑ってしまうことを意味していて、横方向の反力は生じません。線に直角な反力しか生じない**のです。その反力が上向きか下向きかは、荷重の方向によります。この支点のことを**ローラー**といいます。

A 点は横に滑りません。この場合、あらゆる方向に反力が生じるという言い方が正しいのですが、計算しやすくするために、**横方向（水平方向）と縦方向（鉛直方向）に分けて考えます**。この支点は**ピン**といいます（図 3-1）。

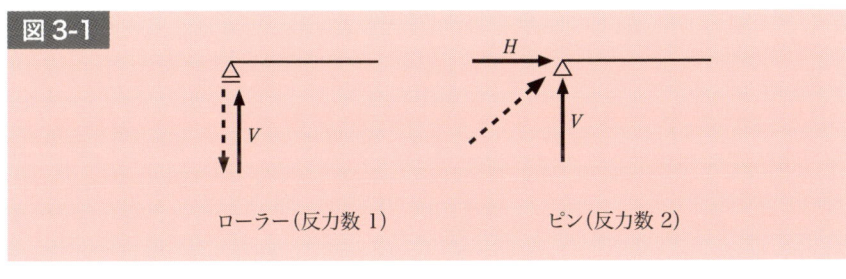

図 3-1　ローラー(反力数 1)　　ピン(反力数 2)

それでは解いてみましょう。設問では水平荷重がないため、A点、B点とも鉛直反力だけを計算します。ところが条件ではB点の反力がないことになっています。A点の反力だけを作図して（上向きに）考えてみましょう（図3-2）。A点にはP_1とP_2の合計で上向きの反力がはたらきます。とりあえず、勉強した3つの式をもう一度並べてみましょう。

$\Sigma X = 0$　……①
$\Sigma Y = 0$　……②
$\Sigma M = 0$　……③

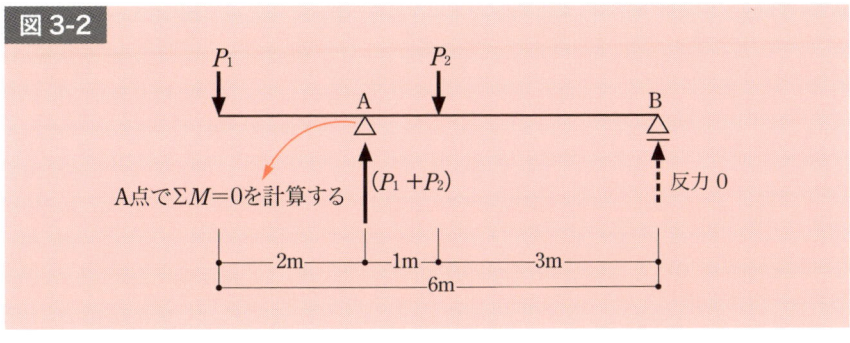

図 3-2

水平方向の外力がないため、①は関係ありません。②の式は成り立ちますが、わからない力がP_1、P_2と2つもあるため、ストップしてしまいます。

結局、使えるのは③だけなのですが、どう使うのでしょうか？

構造体では、③はすべての点で成り立っています。すべての点で成り立つということは、都合のいい1点を選んでも良いということです。A点の反力の値は$P_1 + P_2$だと思われますが、それではいつまでたっても進展しません。

$\Sigma M = 0$ を計算するために都合のいい点をA点にすることで $(P_1 + P_2)$ を③の式から除外することができます（なぜなら距離 $l = 0$ だからです）。

この場合は P_1、P_2 を荷重そのものとして扱っても大丈夫です。結局、

$\Sigma M_A = 0$（A点回りのMの総和が0という式です）

$\Sigma M_A = -P_1 \times 2 + P_2 \times 1 = 0$

$1 \times P_2 = 2 \times P_1$

この式は $P_1 = 1$、$P_2 = 2$ で成り立つことを意味しています。

問題3-1 ▶▶▶ **正解　2**

Point!

● 計算したくない力が作用する点で$\Sigma M = 0$を計算する
（計算したい力が作用する点で$\Sigma M = 0$を計算してはならない）

問題 3-2

図のような荷重を受ける単純ばりの支点Bにおける反力として、正しいものは、次のうちどれか。ただし、反力の方向は、上向きを「＋」、下向きを「－」とする。

1　－3kN
2　－1kN
3　　0kN
4　＋1kN
5　＋3kN

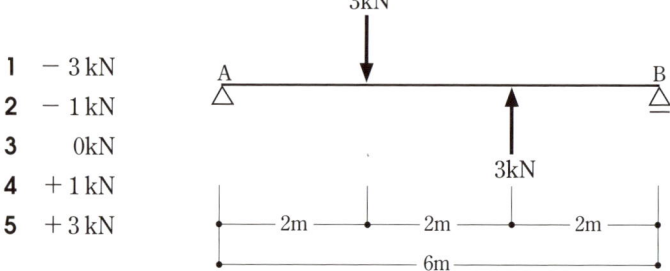

解説

まず、荷重が鉛直荷重だけなので、A点には水平反力は生じません。とりあえず、A点、B点それぞれに上向きの鉛直反力を書いておきます（図3-3）。B

点の反力（R_B とします）を求めるのに、B 点で $\Sigma M = 0$ を使う人がいますが、いけませんね。**距離 $l = 0$ になるため、求めたい R_B が消えてしまうからです。**この場合は求めたい B 点とは逆の A 点で、$\Sigma M = 0$ を使うのです。

では、$\Sigma M_A = 0$ を計算します。

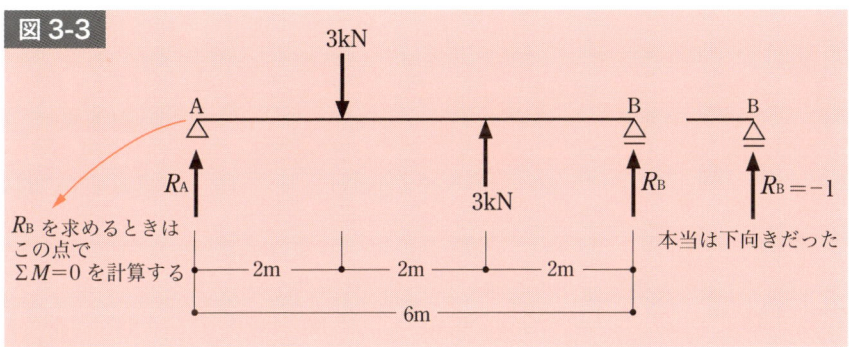

図 3-3

R_B を求めるときはこの点で $\Sigma M = 0$ を計算する

本当は下向きだった

確認！ この構造体はつりあっています。つまり、はり AB 間のどの点でも $\Sigma M = 0$ が成り立っています。**R_B を計算したくて、R_A は計算したくないので、A 点で $\Sigma M = 0$ を使います。**

$$\Sigma M_A = 0$$
$$\Sigma M_A = +3 \times 2 - 3 \times 4 - R_B \times 6 = 0$$
$$-6 \times R_B = 6$$
$$R_B = -1$$

答えの －（マイナス）は何なのでしょうか？これは**最初に決めた力の向きが逆で、実際は下向き**だったことを表しています。そして設問の条件で下向きを「－」とすることになっているため、答えの符号は「－」なのです。この時、**計算結果のマイナスと答えの符号の「－」は全然関係ありません。**絶対に混同しないでください。

問題 3-2 ▶▶▶ **正解　2**

POINT！

● 力の符号は「＋」ならそのままの向き、「－」なら逆向き！

問題 3-3

図のような単純ばりにおける荷重の比を $P_1：P_2 = 5：4$ としたとき、支点反力の比（$V_A：V_B$）として正しいものは、次のうちどれか。

	V_A	:	V_B
1	2	:	1
2	2	:	3
3	3	:	2
4	4	:	3
5	5	:	4

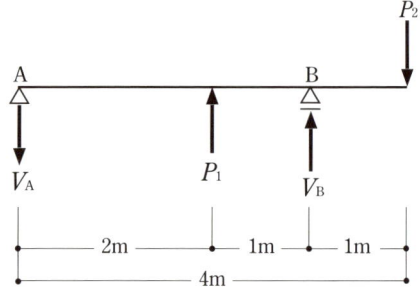

解説

　この問題も、問題 3-1 のように、4つの力が比として出題されていますが、実際の力として解いて問題ありません。まず、荷重が鉛直荷重のみですので、ピン支点の A 点には水平反力がないことを確認しておきましょう。

　最初に V_A と V_B のどちらを先に計算するかを決めます。今回は V_A を先に計算してみましょう。繰り返しますが、計算したい点で $\Sigma M = 0$ を計算してはいけません。計算したい力が消えてしまうからです。つまり、V_A を計算したければ、V_B を除外できる B 点で $\Sigma M = 0$ を計算するのです。

$\Sigma M_B = 0$
$\Sigma M_B = - V_A \times 3 + 5 \times 1 + 4 \times 1 = 0$
$-3 \times V_A = -9 \qquad V_A = 3$

　上向きの力の合計と下向きの力の合計が等しくなるため、下向きの力（V_A と P_2）を足して 7、上向きの力（V_B と P_1）は 5 しかないので、V_B は 2 です。

問題 3-3 ▶▶ 正解 **3**

● $\Sigma M = 0$ を計算する点にかかる力 P は計算から消える

問題 3-4

図のような荷重を受ける静定ラーメンの支点 A、B における鉛直反力 R_A、R_B の組合せとして、正しいものは、次のうちどれか。ただし、鉛直反力の方向は、上向きを「＋」、下向きを「－」とする。

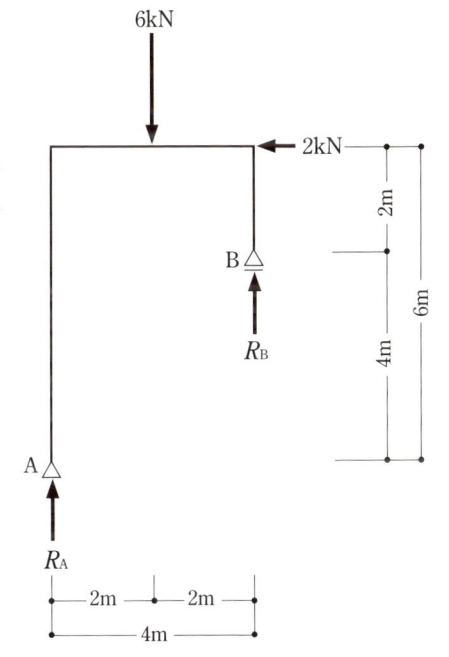

	R_A	R_B
1	＋8 kN	－2 kN
2	＋6 kN	0 kN
3	＋4 kN	＋2 kN
4	＋3 kN	＋3 kN
5	＋2 kN	＋4 kN

解 説

この問題はどう解くのでしょうか？

横方向の力の総和が 0（$\Sigma X = 0$）から、A 支点の水平反力は右向きに 2kN ですが、それを考えなくてもいいような計算順を考えてみましょう。

最初に R_A か R_B のどれから先に計算するかを決めるのですが、この場合は R_B から始めます。**A 支点で $\Sigma M = 0$ を計算することで、A 支点の水平反力を計算から除外できるからです。**それでは計算します。

$$\Sigma M_A = 0$$
$$\Sigma M_A = +6 \times 2 - 2 \times 6 - R_B \times 4 = 0$$
$$-4 R_B = 0 \qquad R_B = 0$$

鉛直方向の力のつりあいから、R_A は上向き 6kN です。

ここで、確認です。**力と点の距離とは、あくまで直角最短距離のことです。**力と点の間の部材がどんな形をしていても、距離にはいっさい関係ありません。たとえば、次頁の図 3-4 の力 P と O 点の距離はすべて 5m なのです。

図 3-4

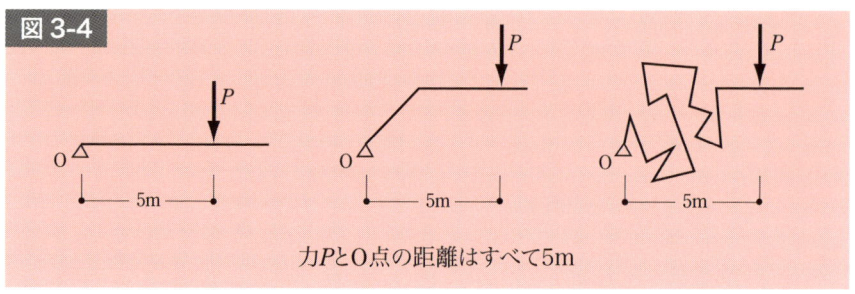

力PとO点の距離はすべて5m

問題 3-4 ▶▶▶ **正解 2**

POINT!

●力と点との距離とは、直角最短距離のこと

問題 3-5

図のような外力を受ける静定ラーメンにおいて、支点 A、B における鉛直反力 R_A、R_B の組合せとして、正しいものは、次のうちどれか。ただし、鉛直反力の方向は、上向きを「＋」、下向きを「－」とする。

	R_A	R_B
1	－ 4 kN	＋12 kN
2	＋ 8 kN	0 kN
3	＋ 9 kN	－ 1 kN
4	＋12 kN	－ 4 kN
5	＋16 kN	－ 8 kN

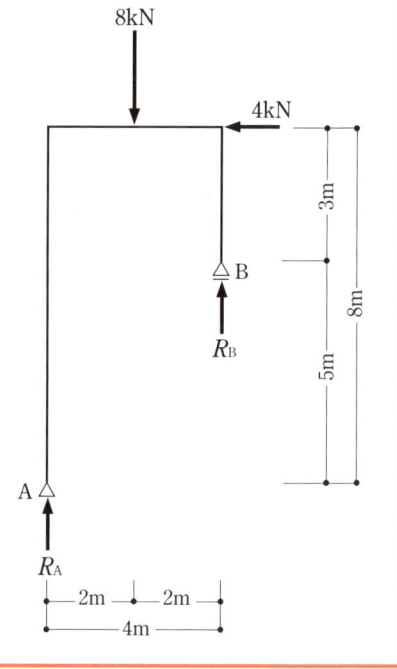

解説

これも前問と同じように解いてみましょう。

A支点の水平反力を無視したいために、A支点で $\Sigma M = 0$ を計算します。それでは式を作ってみましょう。

$$\Sigma M_A = 0$$
$$\Sigma M_A = +8 \times 2 - 4 \times 8 - R_B \times 4 = 0$$
$$-4 \times R_B = 16 \qquad R_B = -4$$

－4の「－」の意味は何だったでしょうか？ **これは力の向きが最初決めた向きとは逆だった**ということでしたね。R_B は下向き 4kN だったのです。下向きを設問では「－」としているため、答えに「－」が付いているのです。決して混同しないでください。

R_A は鉛直方向の下向きの力の合計 12kN に対して、上向き 12kN つまり、＋12kN ということになります。

実際には図のように力がはたらいています。

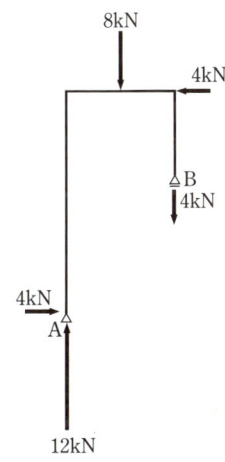

問題 3-5 ▶▶▶ **正解 4**

● $\Sigma X = 0$、$\Sigma Y = 0$ は見てわかるときは図で判断してみよう！

問題 3-6

図のような荷重を受ける骨組みの支点 A、B における鉛直反力 R_A、R_B の組合せとして、正しいものは、次のうちどれか。ただし、鉛直反力の方向は、上向きを「＋」、下向きを「－」とする。

	R_A	R_B
1	－1.0 kN	＋3.0 kN
2	－0.5 kN	＋2.5 kN
3	0 kN	＋2.0 kN
4	＋0.5 kN	＋1.5 kN
5	＋1.0 kN	＋1.0 kN

解説

この問題も形こそ違いますが、問題 3-4、3-5 と同じ解法です。

A 支点には、水平反力が左向きに 4kN で作用していますが、これを無視したいので、A 支点で $\Sigma M=0$ を計算して、先に R_B を出します。4kN と A 支点との距離は 2m、**2kN と A 支点との距離は絶対に、6m です。途中の部材がどんな形をしていても一切関係ありません。**

$\Sigma M_A = 0$
$\Sigma M_A = +4 \times 2 + 2 \times 6 - R_B \times 8 = 0$
$-8R_B = -20 \qquad R_B = 2.5$

鉛直方向の力のつりあいから、R_A は下向き 0.5kN です。

問題 3-6 ▶▶▶ 正解 **2**

POiNT!

- 距離とは「直角最短距離」のこと
- $\Sigma X = 0$、$\Sigma Y = 0$ は見てわかるときは図で判断してみよう！

コラム

　ここで学習していることは決して、2級建築士試験のためだけではありません。実際の建物の構造計算そのもの、あるいはその基礎を勉強しているのです。
　たとえば、Aの単純梁の計算は、Bの和風小屋組の小屋梁のスパン（長さ）と断面を決定するためのものですし、Cのトラスの計算は、Dの洋風小屋組のろく梁、合掌、束の断面を決定するために使われます。

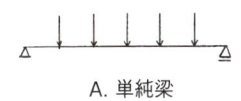

A. 単純梁

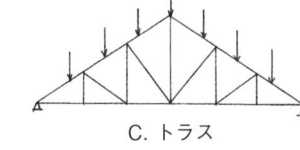

C. トラス

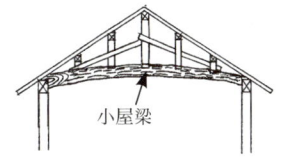

B. 和風小屋組

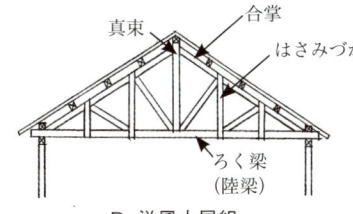

D. 洋風小屋組

　またEのような片持ち梁の計算は、Fのベランダの床の配筋を決定するために、Gのラーメン計算は、Hの鉄筋コンクリートの柱・梁の断面や配筋を決めるために使われます。

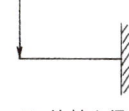

E. 片持ち梁

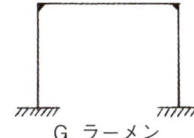

G. ラーメン

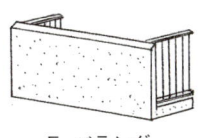

F. ベランダ

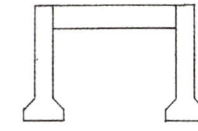

H. 鉄筋コンクリートの柱・梁

4 断面二次モーメント 断面一次モーメント・剛度・剛比

　ここでは、**断面一次モーメント、断面二次モーメント、断面係数**について説明します。断面とは柱、はりを軸に直角に切断した面のことです。
　まず、**断面一次モーメント**です。この中のモーメントという言葉に注目してみましょう。M（モーメント）は、力×距離のことでした。**断面一次モーメントとは、断面×一次のこと**なのでしょうか？　まさにその通りなのです。
　この場合、**断面とは断面積のこと**です。それでは、一次とは何のことでしょう？
　yの二乗、yの三乗という言い方は知っていますね。一次とはyの一乗のことなのです。つまりyそのもののことです。
　断面一次モーメントをS、断面積をA、距離をyとすると、
　Sは、$S = A \times y$ と表現できます。
　単位は、Aはmm^2、yはmmですから、**Sの単位はmm^3**です（距離の単位はmmを使うことが多いようです）。
　図4-1に3つの場合を書いてみましたが、yはある軸から断面の中心（図心）までの距離ですので、中心を軸が通過する時は$y = 0$、つまり$S = 0$になります（③）。

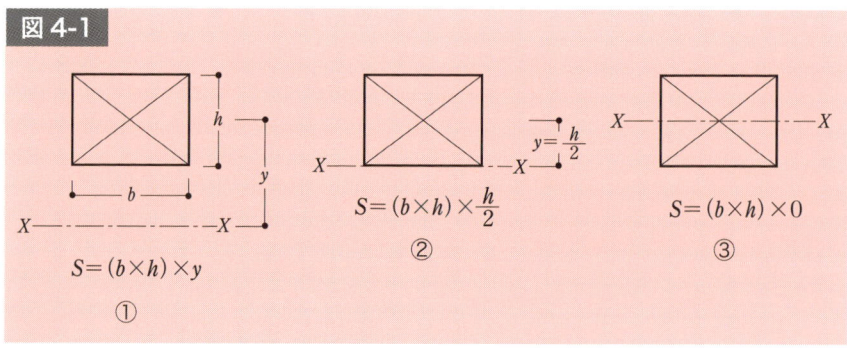

図 4-1

問題 4-1

図のような断面において、図心の座標 (x_0, y_0) の値として、正しいものは、次のうちどれか。ただし $x_0 = \dfrac{S_y}{A}$, $y_0 = \dfrac{S_x}{A}$ であり、S_x, S_y はそれぞれ X, Y 軸まわりの断面一次モーメント、A は全断面積を示すものとする。

	x_0 (cm)	y_0 (cm)
1	25.0	50.0
2	25.0	42.5
3	25.0	37.5
4	17.5	27.5
5	17.5	17.5

（単位はcmとする）

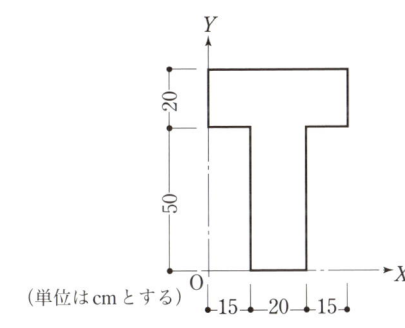

解 説

まず、x_0 の値は、容易に 25 とわかると思います。

問題は y_0 の値です。ここでは**断面一次モーメントは、分割して計算した後、合計しても良い**、ということを利用します。

図 4-2

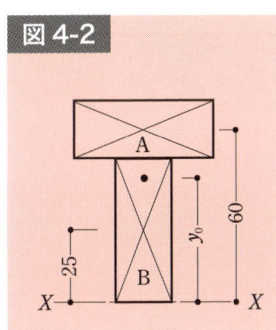

図 4-2 のように、T 型断面を 20cm × 50cm の 2 つの長方形 A, B に分割します。そして、断面積に各々、X 軸からの距離を掛けたものの合計が T 型断面の全体の断面一次モーメントに等しいことを利用して図心を計算します。

$(20 \times 50 \times 2) \times y_0 = (20 \times 50) \times 60$
$\qquad\qquad\qquad\qquad + (20 \times 50) \times 25$
$2y_0 = (60 + 25) \qquad y_0 = 42.5$

問題 4-1 ▶▶▶ **正解 2**

Point！

- **断面一次モーメントは、分割して計算したものと、一度に計算したものは同じ値になる**

次は、**断面二次モーメント**です。これも本来は $A \times y^2$ のことなのですが、もう少し複雑です。断面積を細分化しなければ計算できません。ここでは式のみを出しておきます。**断面二次モーメントは I で表します**（図 4-3）。
軸が図心を通るときの I は下の式の通りです。

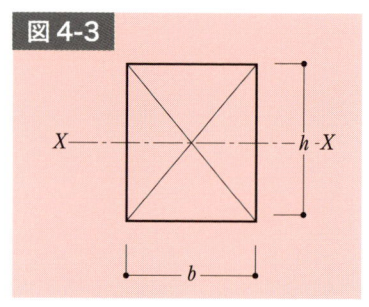

図 4-3

$$I = \frac{bh^3}{12}$$

$A \times y^2$ でも I の式でもわかるように、**単位は mm^4** です。

最後は**断面係数**です。

断面係数 Z は断面二次モーメント I を図心から断面の上端、下端までの距離で割った値です。$mm^4 \div mm$ ですので、**単位は mm^3** です（図 4-4）。

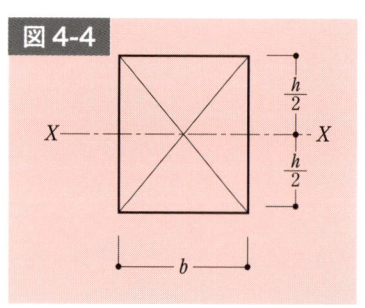

図 4-4

$$Z = I \div \frac{h}{2}$$
$$= \frac{bh^3}{12} \times \frac{2}{h}$$
$$= \frac{bh^2}{6}$$

それでは問題を解いてみましょう。

問題 4-2

図のような長方形断面の X 軸及び Y 軸に関する断面二次モーメントをそれぞれ I_X、I_Y としたとき、それらの比 $I_X : I_Y$ として、正しいものは、次のうちどれか。

	I_X	:	I_Y
1	1	:	9
2	1	:	3
3	1	:	1
4	3	:	1
5	9	:	1

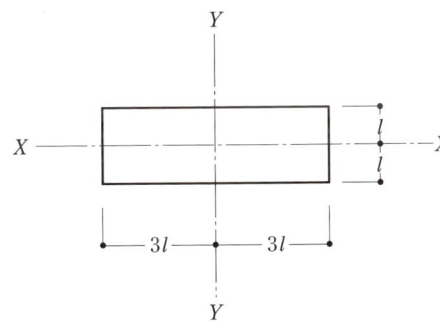

解説

断面二次モーメントを計算する時は、軸は水平にします。X 軸の時の b は $6l$、h は $2l$ で、Y 軸の時の b は $2l$、h は $6l$ です。

$$I_X = \frac{bh^3}{12} = \frac{(6l) \times (2l)^3}{12}$$
$$= \frac{6l \times 2l \times 2l \times 2l}{12} = 4l^4$$

$$I_Y = \frac{bh^3}{12} = \frac{(2l) \times (6l)^3}{12}$$
$$= \frac{2l \times 6l \times 6l \times 6l}{12} = 36l^4$$

$$I_X : I_X = 4l^4 : 36l^4 = 1 : 9$$

問題 4-2 ▶▶▶ 正解 **1**

POINT!

● 断面二次モーメント I を計算するときは軸を横にする

問題 4-3

図のようなみぞ形断面の X 軸に関する断面二次モーメントの値として、正しいものは、次のうちどれか。

1　124 cm⁴
2　214 cm⁴
3　428 cm⁴
4　500 cm⁴
5　572 cm⁴

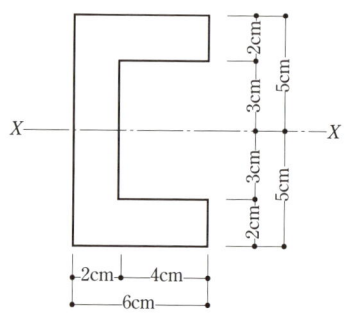

解説

図4-5のような断面は**中空断面**と言います。**断面二次モーメントは面積計算と同様に足算、引算ができます。ただ、もとの形も引かれる形も、軸を中心として、上下対称でなくてはなりません。**では、計算してみましょう。

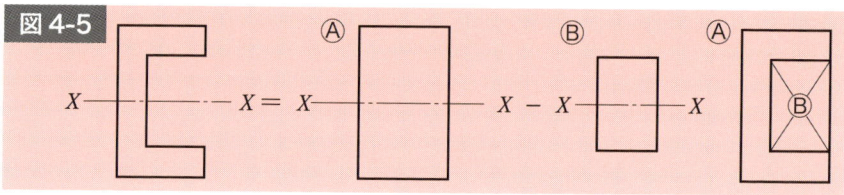

図4-5

この設問は補助線を引くことで、もとの形と引かれる形を明確にすることができます。

$$I = \frac{6 \times 10^3}{12} - \frac{4 \times 6^3}{12} = \frac{6 \times 10 \times 10 \times 10}{12} - \frac{4 \times 6 \times 6 \times 6}{12}$$
$$= 500 - 72 = 428$$

問題 4-3 ▶▶▶ 正解 **3**

POINT!

- 断面二次モーメントの計算では、もとの形も引かれる形も、軸を中心にして上下対称であること

問題 4-4

図のような中空断面における X 軸に関する断面二次モーメントの値として、正しいものは、次のうちどれか。

1. $\dfrac{46}{3}l^4$
2. $\dfrac{55}{4}l^4$
3. $\dfrac{83}{6}l^4$
4. $\dfrac{95}{6}l^4$
5. $\dfrac{179}{6}l^4$

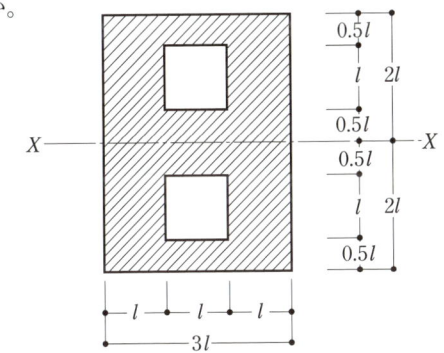

解説

この問題は一見、複雑そうですが、図 4-6 のように 3 つの長方形に分けることによって、引算、足算が可能になります。

図 4-6

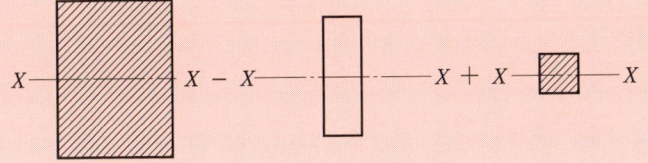

$$I_x = \dfrac{3l \times (4l)^3}{12} - \dfrac{l \times (3l)^3}{12} + \dfrac{l \times l^3}{12}$$

$$= \dfrac{192\,l^4}{12} - \dfrac{27\,l^4}{12} + \dfrac{l^4}{12}$$

$$= \dfrac{166\,l^4}{12} = \dfrac{83\,l^4}{6}$$

問題 4-4 ▶▶▶ 正解 **3**

● 断面二次モーメントの計算は、軸が中心の長方形で考える

問題 4-5

図のような断面の X 軸及び Y 軸に関する断面二次モーメントをそれぞれ I_X、I_Y としたとき、それらの比 $I_X : I_Y$ として、正しいものは、次のうちどれか。

	I_X	:	I_Y
1	1	:	2
2	1	:	4
3	1	:	8
4	4	:	9
5	4	:	13

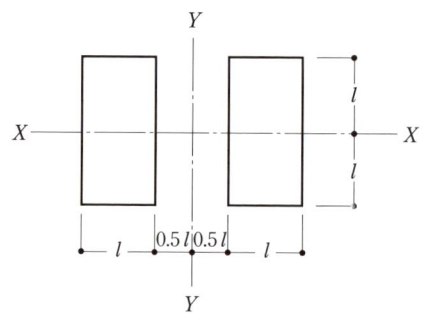

この問題も類題ですが、やってみましょう。

X 軸に関しては、中空断面ではなくて、幅 l、高さ $2l$ の断面が 2 つあると考えて計算してください。

Y 軸に関しては、図 4-7 のように中空断面として計算します。

このとき、図を 90°回転させて Y 軸を横軸にして考えるとわかりやすいです。

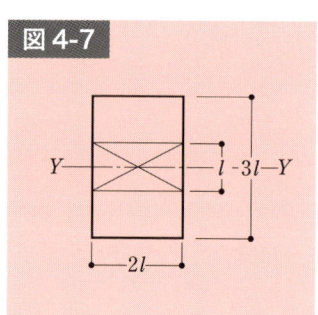

図 4-7

$$I_X = 2 \times \frac{l \times (2l)^3}{12} = \frac{4l^4}{3}$$

$$I_Y = \frac{2l \times (3l)^3}{12} - \frac{2l \times l^3}{12}$$
$$= \frac{27l^4}{6} - \frac{l^4}{6} = \frac{26l^4}{6} = \frac{13l^4}{3}$$

$$I_X : I_Y = \frac{4l^4}{3} : \frac{13l^4}{3} = 4 : 13$$

問題 4-5 ▶▶▶ 正解 **5**

● 断面二次モーメントの計算は、軸を横にして考える

問題 4-6

図のような断面A及び断面Bにおいて、X軸に関する断面二次モーメントの値の差の絶対値として、正しいものは、次のうちどれか。

1 　24×10^4 mm^4
2 　48×10^4 mm^4
3 　144×10^4 mm^4
4 　288×10^4 mm^4
5 　576×10^4 mm^4

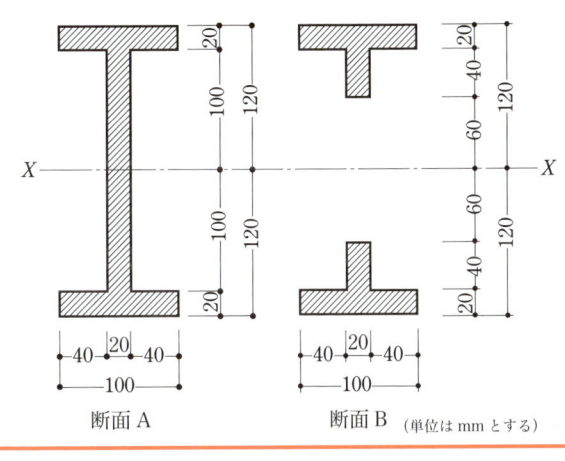

断面A　　　断面B　（単位はmmとする）

　この問題も、断面二次モーメントが面積のように足算、引算できることを利用します。断面BのIの求め方は図4-8の通りです。次に、断面Aから断面Bを引いてみましょう。残ったのは断面Bの中空部分です。つまり、ここだけを計算すれば良いということになります。この場合、断面Aも断面BもX軸を中心にして上下対称であることを確認してください。

図4-8

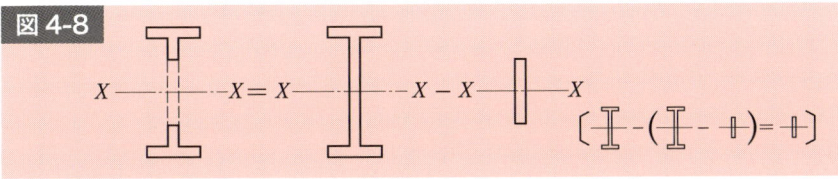

$$\frac{20 \times 120^3}{12} = 20 \times 10 \times 120 \times 120 = 288 \times 10^4$$

問題 4-6 ▶▶▶ 正解　4

● 断面二次モーメントは面積のように引算できる

問題 4-7

図のような長方形断面の X_1 軸及び X_2 軸に関する断面二次モーメントをそれぞれ I_{X1}, I_{X2} としたとき、それらの比 $I_{X1} : I_{X2}$ として、正しいものは、次のうちどれか。

	I_{X1}	:	I_{X2}
1	1	:	1
2	1	:	2
3	1	:	4
4	2	:	1
5	4	:	1

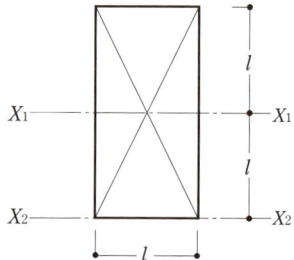

X_1 軸の場合は、軸が長方形断面の図心を通っているので公式どおりです。問題は X_2 軸の場合です。実は**断面二次モーメントの公式の一般形は、図4-9の式なのです**。最初に断面二次モーメントの考え方は、断面積に距離の二乗を掛けることだ、と書きましたが、まさにその通りの式が足算されるわけです。

今回は、軸が断面の下端とイコールのため、式の l は設問の l そのものです。では、計算してみましょう。

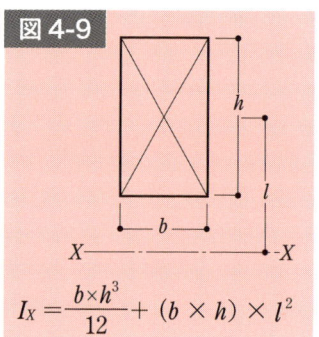

図 4-9

$I_X = \dfrac{b \times h^3}{12} + (b \times h) \times l^2$

$I_{X1} = \dfrac{l \times (2l)^3}{12} = \dfrac{2l^4}{3}$

$I_{X2} = \dfrac{2l^4}{3} + (l \times 2l) \times l^2$

$= \dfrac{2l^4}{3} + \dfrac{6l^4}{3} = \dfrac{8l^4}{3}$

$I_{X1} : I_{X2} = \dfrac{2l^4}{3} : \dfrac{8l^4}{3} = 1 : 4$

問題 4-7 ▶▶▶ 正解 **3**

POINT!
- 断面二次モーメントは断面積に距離の二乗を掛けること

問題 4-8

図のような断面A及び断面Bにおいて、断面AのX軸、Y軸に関する断面二次モーメントをれぞれI_{XA}, I_{YA}、断面BのX軸、Y軸に関する断面二次モーメントをれぞれI_{XB}, I_{YB}としたとき、それらの大小関係として、正しいものは、次のうちどれか。ただし、$h>b$とし、Gは図心を示す。

1 $I_{XA}>I_{XB}>I_{YA}>I_{YB}$
2 $I_{XA}>I_{YA}>I_{XB}>I_{YB}$
3 $I_{XB}>I_{XA}>I_{YA}>I_{YB}$
4 $I_{YA}>I_{YB}>I_{XA}>I_{XB}$
5 $I_{YB}>I_{YA}>I_{XA}>I_{XB}$

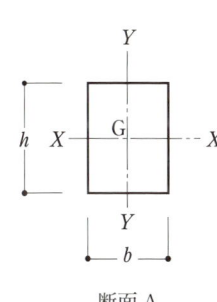

断面 A

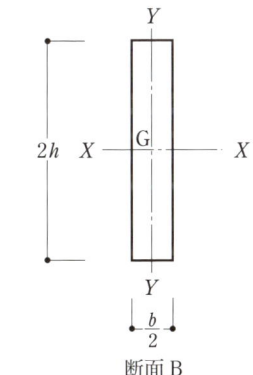

断面 B

順番にやってみましょう。X軸に関する断面二次モーメントは図のままで計算できますが、**Y軸のときは、Y軸が横になるように、図を90度回転させて考えます。**bとhを間違わないで計算しましょう。

$$I_{XA} = \frac{bh^3}{12} \qquad I_{YA} = \frac{hb^3}{12}$$

$$I_{XB} = \frac{\frac{b}{2} \times (2h)^3}{12} = \frac{bh^3}{3} \qquad I_{YB} = \frac{2h \times \left(\frac{b}{2}\right)^3}{12} = \frac{hb^3}{48}$$

$h>b$より、 $I_{XA}>I_{YA}$, $I_{XB}>I_{XA}$, $I_{YA}>I_{YB}$

よって、$I_{XB}>I_{XA}>I_{YA}>I_{YB}$

問題 4-8 ▶▶▶ **正解 3**

POINT!

● 断面二次モーメントIの計算では軸は横にして考える

問題 4-9

図のようなラーメンにおいて、柱Aを基準としたときのはりBの剛比として、正しいものは、次のうちどれか。ただし、はりBの断面二次モーメントの値は、柱Aの断面二次モーメントの値の3倍とする。

1   0.5
2   1.5
3   2.0
4   3.0
5   4.5

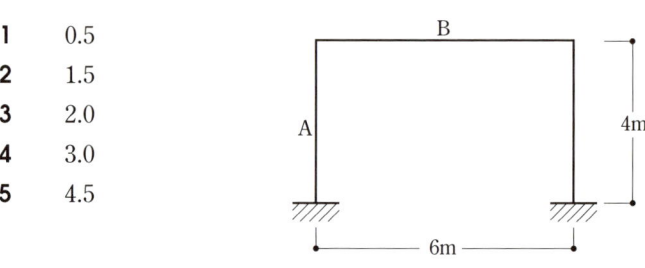

少し違う種類の問題かもしれませんが、ここで取り上げてみました。

はりBの断面二次モーメントの値が、柱Aの断面二次モーメントの値の3倍ということを式にすると、

$$I_B = 3 \times I_A$$

となります。

新しい言葉として「剛比」が、出てきました。これは**一つの部材の断面二次モーメントを、その部材の長さで割った値を「剛度」と言い、「剛比」とは、ある部材の剛度を、基準となる部材の剛度で割った値**のことを言います。剛度を K で表せば、

$$K_A = \frac{I_A}{4} \qquad K_B = \frac{I_B}{6} = \frac{3I_A}{6} = \frac{I_A}{2}$$

$$\frac{K_B}{K_A} = \frac{I_A}{2} \div \frac{I_A}{4}$$
$$= 2$$

問題 4-9 ▶▶▶ **正解 3**

● 剛比とは剛度同士の比率

コラム

この本に出てくる記号を単位とともにまとめました。
確認して下さい。

P ：力（荷重）を表します。単位は N, kN（ニュートン、キロニュートン）
kN：1,000 N のこと
Σ ：（シグマ）すべてを足すこと
M ：モーメント（曲げモーメント） 単位は N・mm, kN・m
l ：距離　単位は mm, m
V ：鉛直反力　単位は N, kN
H ：水平反力　単位は N, kN
R ：反力　単位は N, kN
S ：断面一次モーメント　単位は mm^3
A ：断面積　単位は mm^2
I ：断面二次モーメント　単位は mm^4
Z ：断面係数　単位は mm^3
b ：梁幅　単位は mm
h ：梁せい　単位は mm
K ：剛度　単位は mm^3
E ：ヤング係数　単位は N/mm^2
σ ：（シグマ）応力度　単位は N/mm^2
ε ：（イプシロン）ひずみ度　単位はナシ
Δl：とても短い長さのこと　単位は mm
i ：断面二次半径　単位は mm
l_k ：座屈長さ　単位は mm
P_k ：座屈荷重　単位は kN
Q ：せん断力　単位は kN
w ：等分布荷重　単位は N/mm
N ：軸力　単位は kN

5 単位

問題 5-1

構造力学に関する次の用語のうち、単位が応力度と同じものはどれか。

1　剛度
2　加速度
3　断面係数
4　ひずみ度
5　ヤング係数

解説

次に、単位の問題を勉強しましょう。

まず、設問の応力度です。

皆さんは中学生のときに、力と圧力の関係について勉強したことを覚えていますか？　力の単位は kg（本当は kgw ですが、w を省略します）で、圧力の単位は kg/cm^2 でした。圧力は力が与える効果を表しているのです。

応力と応力度の関係は力と圧力の関係と同じです。応力については、のちほど「7 曲げモーメント、せん断力」で詳しく説明しますが、今は、**応力の単位は N（1kg は 9.8N）**と覚えておいてください。**N はニュートン**と言います。

そして、**応力度の単位は、応力を面積で割った N/mm^2** です。

1, **剛度**は勉強しましたね。**断面二次モーメントを部材の長さで割った値**です。単位は mm^3 です。
2, **距離を時間で割ったものを速度、速度を時間で割ったものを加速度**と言います。つまり速度の時間変化の値です。距離を m、時間を秒で表すと、順に単位は、**m、m/秒、m/秒^2** です。
3, **断面係数**の単位は mm^3 でした。

4, 5, ひずみ度とヤング係数（Eで表します）を一緒に説明しましょう。

まず、次の式を覚えてください。σ（シグマ、Σの小文字）は最初に説明した応力度で、単位は **N/mm²** です。

$$E = \frac{\sigma}{\varepsilon}$$

ε（イプシロン、ギリシャ文字Eの小文字）はひずみ度と言って、伸びや縮みの長さがもとの長さのどのくらいの割合になるかを表す値です。mm ÷ mm ですから、単位はありません。（無次元と言います）

さて、ヤング係数です。応力度をひずみ度で割った値がヤング係数と決められています。与えられた力（応力度）が大きいのに、伸び縮みの長さが少ないとヤング係数は大きくなります。つまり、ヤング係数は物の固さを表します。ヤング係数が大きい物は、固い物です。

これらのことを式に表現するとこうなります。

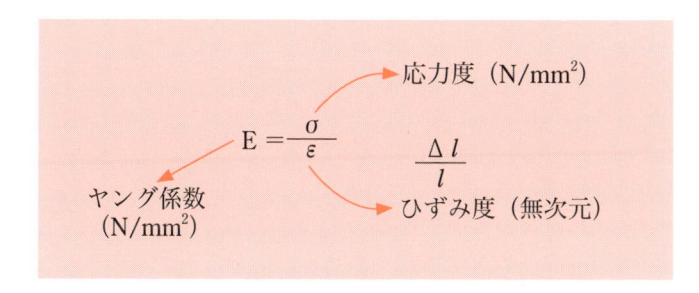

$$E = \frac{\sigma}{\varepsilon} \quad \begin{array}{l} \rightarrow \text{応力度（N/mm}^2\text{）} \\[4pt] \dfrac{\Delta l}{l} \\[4pt] \rightarrow \text{ひずみ度（無次元）} \end{array}$$

ヤング係数（N/mm²）

この式で分かることがあります。ひずみ度εは単位がありませんので、ヤング係数と応力度は単位が同じになるのです。絶対に忘れないでください。

問題 5-1 ▶▶▶ 正解　**5**

POINT!
- 応力度とヤング係数の単位はどちらも N/mm²

問題 5-2

構造力学に関する次の用語のうち、単位が断面一次モーメントと同じものはどれか。

1　垂直応力度
2　断面係数
3　断面二次半径
4　ひずみ度
5　ヤング係数

解 説

断面一次モーメントの単位は、断面積×距離でしたので、**mm^3** です。

1, 応力度の単位はすべて、**N/mm^2** です。ちなみに、ヤング係数のところで説明したσは応力度を表しますが、断面に垂直にはたらくので、垂直応力度といいます。

3, **断面二次半径**とは、断面二次モーメントを断面積で割った値の平方根のことです。半径なので単位は mm と覚えてください。

$$i（断面二次半径）= \sqrt{\frac{I}{A}} \quad （単位は mm）$$

問題 5-2 ▶▶▶ **正解 2**

POINT!

● 断面二次半径は「半径」だから単位は mm

問題 5-3

構造力学に関する次の用語のうち、単位がヤング係数と同じものはどれか。

1　せん断応力度
2　断面一次モーメント
3　断面係数
4　ひずみ度
5　曲げモーメント

解 説

1, **せん断応力度も応力度ですので、単位は N/mm^2** です。せん断面に働く応力度をせん断応力度といいますが、せん断については、のちほど「7 曲げモーメント・せん断力」で説明します。

5, **曲げモーメントの単位はモーメントと同じで、力×距離（$N \times m$）** です。曲げモーメントについても、「7 曲げモーメント・せん断力」で説明します。

問題 5-3 ▶▶▶ 正解 　1

POINT!

- 応力度の単位はすべて N/mm^2

6 座屈

> **問題 6-1**
>
> 図のような材端の支持条件の異なる柱 A〜D の座屈長さの組合せとして、最も適当なものは、次のうちどれか。ただし、すべての柱の材質、断面形状及び長さは同じものとする。 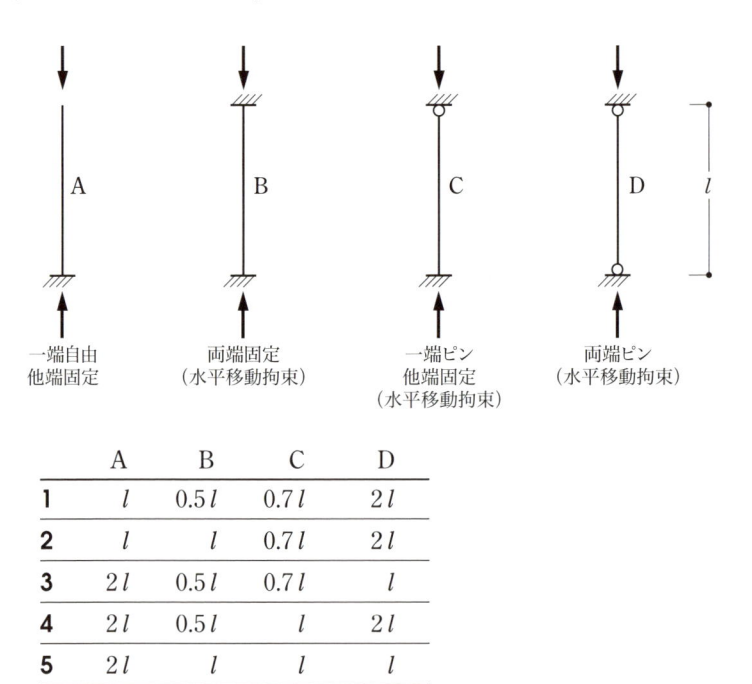
>
> A：一端自由 他端固定
> B：両端固定（水平移動拘束）
> C：一端ピン 他端固定（水平移動拘束）
> D：両端ピン（水平移動拘束）、長さ l
>
> | | A | B | C | D |
> |---|---|---|---|---|
> | 1 | l | $0.5l$ | $0.7l$ | $2l$ |
> | 2 | l | l | $0.7l$ | $2l$ |
> | 3 | $2l$ | $0.5l$ | $0.7l$ | l |
> | 4 | $2l$ | $0.5l$ | l | $2l$ |
> | 5 | $2l$ | l | l | l |

解説

いよいよ、座屈について勉強しましょう。

細長いもの（たとえば竹ひご）の両端から内側に力を加えると、竹ひごは、いとも簡単に**軸に直角の方向に膨らんでしまいます**。

この現象のことを「**座屈**」と言います。

38

設問にある座屈長さとは何でしょうか？　**座屈長さ**とは、座屈した部材の中の「**弓形1本分**」に相当する長さのことを言います（図6-1）。

これが**長いと座屈しやすく、短いと座屈しづらい**と考えます。

A, B, C, D それぞれについて、座屈長さを作図してみましょう。

図の中の直角のところは、直角の状態を保ちながら座屈するところです。

座屈長さは l_k で表します。

図6-1 支持条件が異なる柱の座屈長さ l_k（弓形1本分に相当する長さ）

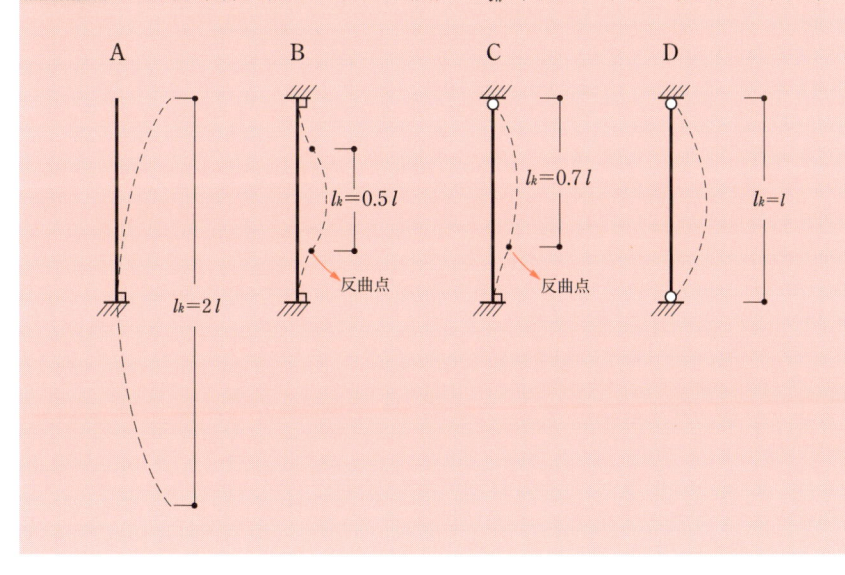

A: $l_k = 2l$
B: $l_k = 0.5l$　反曲点
C: $l_k = 0.7l$　反曲点
D: $l_k = l$

同じ長さの柱でも、柱の材端の支持条件によって座屈しにくさが変わってきます。

問題6-1 ▶▶▶ **正解　3**

POINT!
- 座屈長さとは、「弓形1本分」の長さのこと

問題 6-2

図のような材端の支持条件が異なる柱 A, B, C, D の座屈荷重をそれぞれ P_A, P_B, P_C, P_D としたとき、それらの大小関係として、正しいものは、次のうちどれか。ただし、すべての柱の材質、断面形状及び長さは同じものとする。

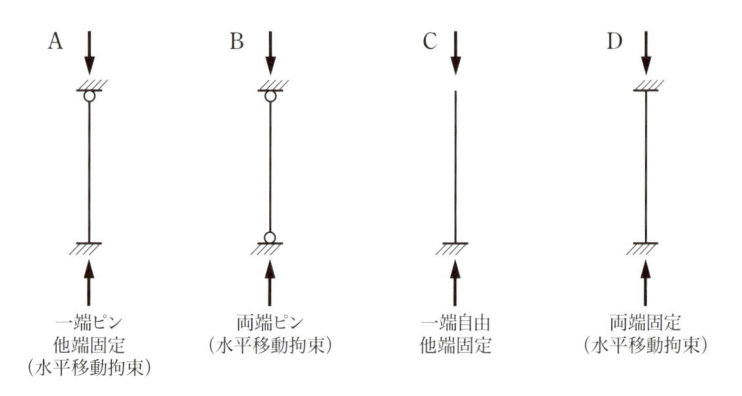

	A	B	C	D
	一端ピン 他端固定 (水平移動拘束)	両端ピン (水平移動拘束)	一端自由 他端固定	両端固定 (水平移動拘束)

1 　$P_A > P_D > P_B > P_C$
2 　$P_A > P_D > P_C > P_B$
3 　$P_B > P_A > P_D > P_C$
4 　$P_D > P_A > P_B > P_C$
5 　$P_D > P_A > P_C > P_B$

解説

前問は座屈長さの問題でしたが、今回は「**座屈荷重**」の問題です。
Bの両端ピンの場合で考えます。同じ竹ひごでも、**長いものと短いものでは、どちらが座屈しやすいでしょうか？** 長い方ですね。納得できない人は 2cm の竹ひごを座屈させてみてください。座屈する前に指にささるかもしれません。

つまり、同じ材質、同じ断面形状なら、**長い方が座屈させる力（座屈荷重）が少なく、短い方が座屈荷重は多く必要**なのです。そして、長い短いは座屈長さ l_k で比べます。設問の場合の座屈長さの大小はC＞B＞A＞Dとなりますが、**座屈荷重の大小はちょうど逆**で、D＞A＞B＞Cとなります。

A； $l_k = 0.7l$ 　　　B； $l_k = l$
C； $l_k = 2l$ 　　　D； $l_k = 0.5l$

問題 6-2 ▶▶▶ **正解 4**

Point!

● 座屈長さと座屈荷重は逆の関係

問題 6-3

図のような材の長さ及び材端の支持条件が異なる柱 A, B, C の座屈荷重をそれぞれ P_A, P_B, P_C としたとき、それらの大小関係として、最も適当なものは、次のうちどれか。ただし、すべての柱の材質及び断面形状は同じものとする。

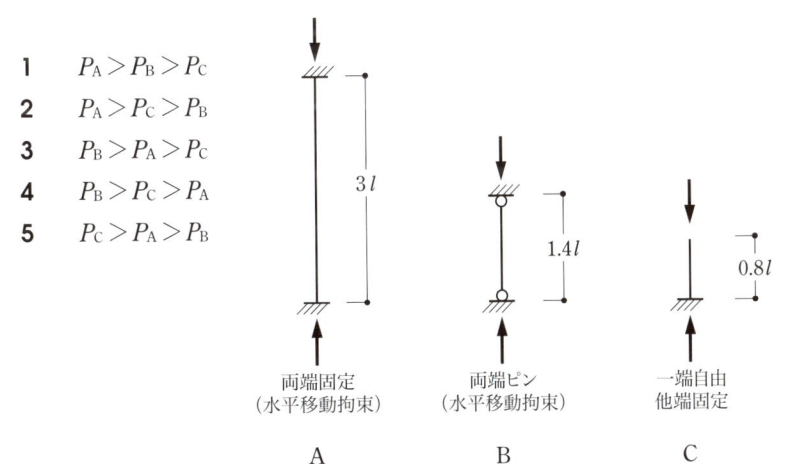

1　$P_A > P_B > P_C$
2　$P_A > P_C > P_B$
3　$P_B > P_A > P_C$
4　$P_B > P_C > P_A$
5　$P_C > P_A > P_B$

A　両端固定（水平移動拘束）　$3l$
B　両端ピン（水平移動拘束）　$1.4l$
C　一端自由他端固定　$0.8l$

解説

座屈長さを決めましょう。

A は $1.5l$、B は $1.4l$、C は $1.6l$ です。

座屈長さの大小は、C ＞ A ＞ B ですが、座屈荷重の大小は、B ＞ A ＞ C です。

問題 6-3 ▶▶▶ 正解 **3**

Point!

● 座屈荷重を求めるときは、まず座屈長さを作図しよう！

41

問題 6-4

図のような長さ l (m) の柱（材端条件は、両端ピン、水平移動拘束とする。）に圧縮力 P が作用したとき、次の l と I の組合せのうち、弾性座屈荷重が最も大きくなるものはどれか。ただし、I は断面二次モーメントの最小値とし、それぞれの柱は同一材料で、断面は一様とする。

	l (m)	I (m^4)
1	1.5	2.25×10^{-5}
2	1.5	4.50×10^{-5}
3	2.0	3.00×10^{-5}
4	2.0	6.00×10^{-5}
5	2.0	7.00×10^{-5}

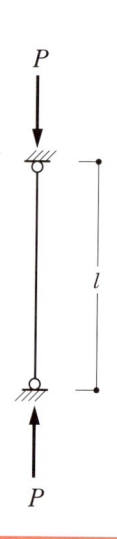

解説

座屈の問題の中で、どうしても公式に頼らなければならない問題があります。座屈荷重を P_k とすると、

$$P_k = \frac{\pi^2 EI}{l_k^2}$$

E：ヤング係数
I：断面二次モーメント
l_k：座屈長さ

ここで、l_k は座屈長さです。この式では、E と I が分子に、l_k の 2 乗が分母になっています。**E が大きいと固い部材、I が大きいと断面が大きい（太い）部材**ということです。**E も I も大きいと P_k は大きくなります。**

l_k の 2 乗が分母ということは、**座屈長さが短いほど座屈しづらいので、座屈荷重 P_k が大きくなる**ということです。

問題を解いてみましょう。π^2 は値の大小に関係しないので、無視します。また、柱は同一材料なので、E も同一です。そして 10^{-5} も同一なので、ここでは無視します。両端がピンなので、l_k は l そのものです。

つまり $\dfrac{I}{l^2}$ だけで、大小を比較します。

1　$\dfrac{I}{l^2} = \dfrac{2.25}{1.5^2} = 1$　　　4　$\dfrac{I}{l^2} = \dfrac{6}{2^2} = 1.5$

2　$\dfrac{I}{l^2} = \dfrac{4.5}{1.5^2} = 2$　　　5　$\dfrac{I}{l^2} = \dfrac{7}{2^2} = 1.75$

3　$\dfrac{I}{l^2} = \dfrac{3}{2^2} = 0.75$

問題 6-4 ▶▶▶ 正解 **2**

POINT!

● 公式を使うときは I と l_k を代入しよう！

問題 6-5

図のような長さ l（m）の柱（材端条件は、一端自由、他端固定とする。）に圧縮力 P が作用したとき、次の l と I の組合せのうち、弾性座屈荷重が最も大きくなるものはどれか。ただし、I は断面二次モーメントの最小値とし、それぞれの柱は同一の材質で、断面は一様とする。

	l(m)	I(m⁴)
1	3.0	3×10^{-5}
2	3.5	5×10^{-5}
3	4.0	8×10^{-5}
4	4.5	9×10^{-5}
5	5.0	10×10^{-5}

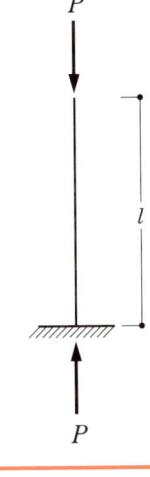

解説

座屈長さは $2l$ なので、l を2倍した長さを公式に代入します。

前問と同様に π^2 も E も 10^{-5} も無視できるので、**l_k と I の整数だけで、座屈荷重の大小を比較**します。

1   $\dfrac{I}{l_k^2} = \dfrac{3}{6^2} = \dfrac{1}{12}$ 4 $\dfrac{I}{l_k^2} = \dfrac{9}{9^2} = \dfrac{1}{9}$

2   $\dfrac{I}{l_k^2} = \dfrac{5}{7^2} \fallingdotseq \dfrac{1}{10}$ 5 $\dfrac{I}{l_k^2} = \dfrac{10}{10^2} = \dfrac{1}{10}$

3   $\dfrac{I}{l_k^2} = \dfrac{8}{8^2} = \dfrac{1}{8}$

問題 6-5 ▶▶▶ 正解 **3**

POINT!

● 公式を使うときは l_k（座屈長さ）を代入しよう！

問題 6-6

図のような断面をもつ長柱 A，B，C の弾性座屈荷重をそれぞれ P_A, P_B, P_C としたとき、それらの大小関係として、正しいものは、次のうちどれか。ただし、すべての柱の材質は同じで、座屈長さは等しいものとする。

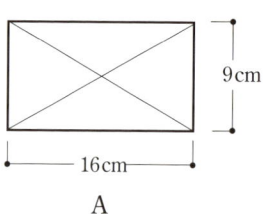

1   $P_A > P_B > P_C$
2   $P_A > P_C > P_B$
3   $P_B > P_A > P_C$
4   $P_B > P_C > P_A$
5   $P_C > P_B > P_A$

A: 16cm × 9cm
B: 12cm × 12cm
C: 8cm × 18cm

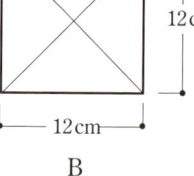

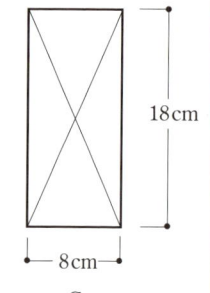

解説

座屈荷重の式は次の通りでした。

$$P_k = \frac{\pi^2 EI}{l_k^2}$$

E：ヤング係数
I：断面二次モーメント
l_k：座屈長さ

ここでπ^2は一定の係数、「柱の材質は同じ」ことからEは等しく、「座屈長さも等しい」のでl_kも同一です。

結局**Iの大小だけで、P_kの大小が決まります。**

この場合、**曲がりやすい方向に座屈します**ので、幅の狭い方が断面二次モーメントのhになります。Aでは9cmがh、Cでは8cmがhになります。

$$I_A = \frac{16 \times 9^3}{12} = 972$$

$$I_B = \frac{12 \times 12^3}{12} = 1728$$

$$I_C = \frac{18 \times 8^3}{12} = 768$$

$I_B > I_A > I_C$

したがって、$P_B > P_A > P_C$

問題 6-6 ▶▶▶ **正解 3**

POINT!
- 柱では断面の幅の狭い方が断面二次モーメントのh

問題 6-7

長柱の弾性座屈荷重に関する次の記述のうち、最も不適当なものはどれか。

1. 弾性座屈荷重は、柱の両端の支持条件がピンの場合より固定の場合のほうが大きい。
2. 弾性座屈荷重は、材料のヤング係数に比例する。
3. 弾性座屈荷重は、材料の曲げ剛性に比例する。
4. 弾性座屈荷重は、柱の断面二次モーメントに反比例する。
5. 弾性座屈荷重は、柱の座屈長さの2乗に反比例する。

解説

座屈の文章題です。前問で勉強した公式を、もう一度思い出しましょう。

$$P_k = \frac{\pi^2 EI}{l_k^2}$$

1, 柱の長さを l とすると、ピンの場合は、$l_k = l$、固定の場合は、$l_k = 0.5l$ です。これらが2乗で分母になりますから、

$$P_k = \frac{\pi^2 EI}{l^2} \qquad P_k = \frac{\pi^2 EI}{(0.5l)^2} = \frac{4\pi^2 EI}{l^2}$$

固定の方が4倍大きな荷重が必要ということになります。なお、弾性座屈荷重の**弾性の意味は、荷重を取り除けば元に戻る**という意味です。

2, E が分子にあるという意味です。

3, **$E \times I = EI$ のことを曲げ剛性**といいます。**この値が大きければ大きいほど、曲がりにくい（座屈しにくい）**ということです。

4, I は分子ですから、反比例ではなくて、比例です。

5, l_k の2乗が分母にあるので、反比例です。

問題 6-7 ▶▶▶ 正解 **4**

POINT!

● 座屈荷重の公式を覚えよう

問題 6-8

中心圧縮力を受ける単一の長柱における弾性座屈荷重 N_k に関する下記の文中の□□□に当てはまる用語の組合せとして、正しいものは、次のうちどれか。

弾性座屈荷重 N_k は、　ア　に無関係であって、　イ　に比例し、　ウ　の2乗に反比例する。

	ア	イ	ウ
1	ヤング係数	座屈長さ	曲げ剛性
2	材料の強度	曲げ剛性	座屈長さ
3	曲げ剛性	材料の強度	ヤング係数
4	ヤング係数	材料の強度	座屈長さ
5	材料の強度	座屈長さ	曲げ剛性

解説

公式とはちがう記号（N_k）で書いてありますが、$P_k = \dfrac{\pi^2 EI}{l_k^2}$ の P_k を、N_k として考えます。

アについて考えましょう。選択肢の **1, 3, 4,** は関係があります。

答えは **2, 5,** の「材料の強度」なのですが、どういうことなのでしょうか？

弾性座屈荷重の**弾性とは、荷重を取り除けば元に戻る**という意味でした。つまり、**弱い力**だと考えても良いかもしれません。

これに対して、**「材料の強度」は材料の最終強度、つまり壊れるくらいの力**だと思ってください。**弾性座屈荷重はそれほど大きな力ではないのです。**

問題 6-8 ▶▶▶ 正解　**2**

POINT!

● 座屈させる力は材料の強度よりも小さな力！

7

曲げモーメント・せん断力

いよいよ応力の問題に入ります。でも、応力って何なのでしょうか？

部材に外力（荷重と反力）が働くことによって、部材の内部に生じる力のことを応力と言います。

応力には軸力、せん断力、曲げモーメントの3つがあります。3つとも逆向きの一組の力なのですが、まず、曲げモーメントから説明しましょう。

図7-1の通り、鉛直荷重Pを受けて梁が曲がっています。この梁の中の小さい部分を考えてみましょう。

小さい部分は台形状の変形をしていますが、これは図のように下側引張り、上側圧縮を与えるような左右の回転力（モーメント）がかかっていると考えられます。この一対の左右のモーメントを、曲げを与えるモーメント、つまり「曲げモーメント」と呼ぶわけです。

この場合には、左のモーメントが時計回り（＋）、右のモーメントが反時計回り（－）であることに注目してください。

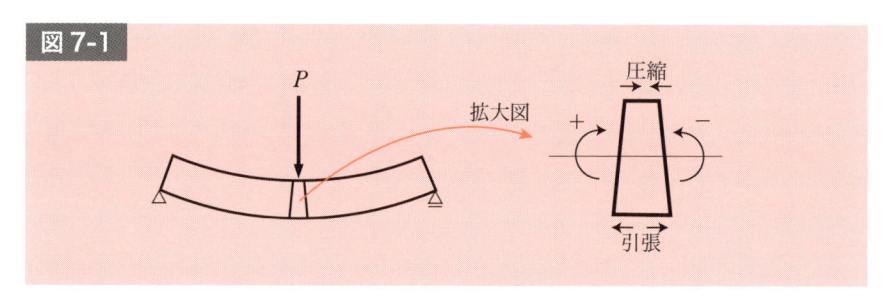

図 7-1

もし上側が引っ張り、下側が圧縮なら、左が反時計回り（－）、右が時計回り（＋）になります。

大事なことは、曲げモーメントは2つのモーメントからできていますが、符号は常に反対だということです。そして、「曲げモーメントの値を求める」とは「左右どちらかのモーメントを求める」ことなのです。そして左側のモーメントを求めるときは、左側の力だけからモーメントを計算します。

問題 7-1

図のような荷重を受ける単純梁のA点における曲げモーメントの値として、正しいものは、次のうちどれか。

1　12 kN・m
2　27 kN・m
3　45 kN・m
4　54 kN・m
5　72 kN・m

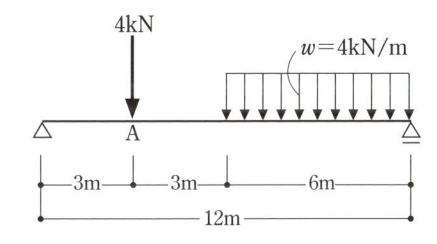

解 説

では問題を解いてみましょう。

A点の曲げモーメントを図7-2のように仮定して左側のモーメントを求めることを目標としましょう。そのためにはB点の反力を計算することです。

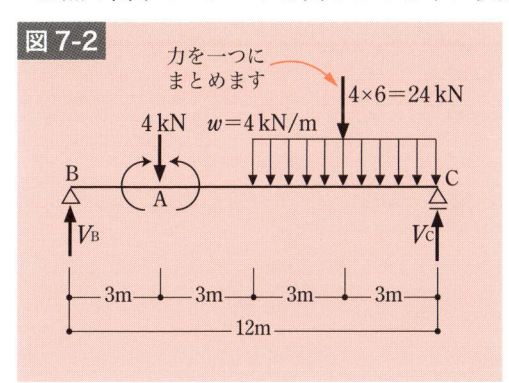

そこで、C点で、$\Sigma M = 0$ を計算します。

A点の4 kNはいいのですが、$w = 4$ kN/mって何でしょうか？これは**1mにつき4kNの割合で分布している荷重**のことなのです。このままでは計算できませんので、**一つにまとめます**。$4 \times 6 = 24$ kNとしてC点の左3mのところ、つまりその力が分布している範囲の中央の位置に、集中してかかっていると考えるのです。これでやっと計算できます。

$$\Sigma M_C = 0$$
$$\Sigma M_C = + V_B \times 12 - 4 \times 9 - 24 \times 3 = 0$$
$$12 V_B = 108 \qquad V_B = 9$$

49

A点の曲げモーメントのうちの左側のモーメントは $+9 \times 3 = +27\,\text{kN·m}$ です。右側のモーメントも求めてみましょう。

$V_B + V_C = 4 + 24$ から、C点の鉛直反力 V_C は上向き 19N です。

$$-19 \times 9 + 24 \times 6 = -171 + 144 = -27\,\text{kN·m}$$

A点の左側と右側からで、同じ値でも符号が違いましたね！

問題 7-1 ▶▶▶ **正解 2**

Point!

- 曲げモーメントの値を求めることは、一対のモーメントのどちらかを求めること

- ある点の左側のモーメントを求めるときは、左側の力によるモーメント（の総和）を求める

- 分布している荷重はひとつにまとめて計算する

問題 7-2

図のような荷重を受ける単純ばりのA点における曲げモーメントとして、正しいものは、次のうちどれか。ただし、曲げモーメントの符号は、はりの下側に引張力が働く場合を「＋」とする。

1 $-4\,\text{kN·m}$
2 $-2\,\text{kN·m}$
3 $0\,\text{kN·m}$
4 $+2\,\text{kN·m}$
5 $+4\,\text{kN·m}$

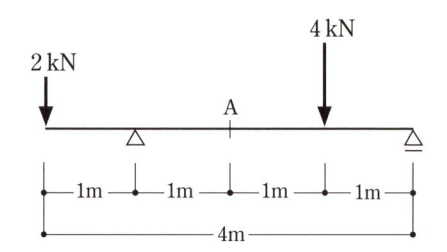

解説

目標を立てましょう。A点の曲げモーメントのうち、**左側のモーメントを計算**することにしましょう。

そのために、まず、B点の反力を求めます。荷重は鉛直荷重のみですので、反力も鉛直反力だけです。B点の反力 V_B を求めるために、C点で、$\Sigma M = 0$ を計算します（図7-3）。

$\Sigma M_C = 0$

$\Sigma M_C = -2 \times 4 + V_B \times 3 - 4 \times 1 = 0$

$3V_B = 12 \qquad V_B = 4$

左側の力から計算したA点の曲げモーメントは、

$-2 \times 2 + 4 \times 1 = 0$

残念ながら、A点の曲げモーメントはありませんでした。

図 7-3

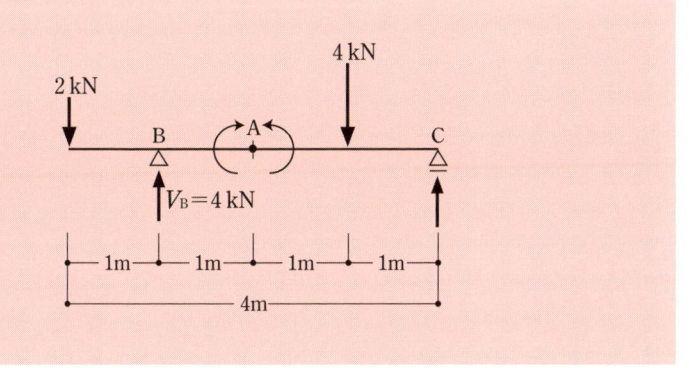

問題 7-2 ▶▶▶ **正解 3**

Point!

● 曲げモーメントのうち、左側のモーメントを求めるときは、左側の力だけによるモーメントの総和を求める

問題 7-3

図のような荷重を受ける単純ばりのA点における曲げモーメントの大きさとして、正しいものは、次のうちどれか。ただし、モーメントの符号は、はりの下側に引張力が働く場合を正とし、$1\,\text{kN} = 0.102\,\text{tf}$ とする。

1. $-8\,\text{kN}\cdot\text{m}$
2. $-4\,\text{kN}\cdot\text{m}$
3. $-2\,\text{kN}\cdot\text{m}$
4. $4\,\text{kN}\cdot\text{m}$
5. $5\,\text{kN}\cdot\text{m}$

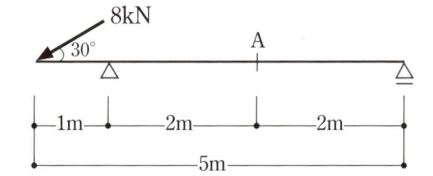

解説

荷重が斜めの問題です。

このままでも計算できますが、**荷重を鉛直方向と水平方向に分けて計算**しましょう。本来は三角関数を使うところなのでしょうが、**三角形の辺の比を利用**してみます。まず、次の3つの三角形の辺の比を覚えてください（図 7-4）。

図 7-4

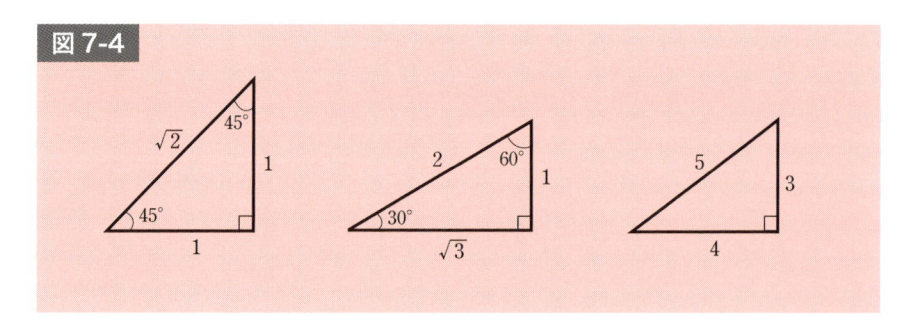

これを利用することで、問題 7-3 の斜めの 8 kN の荷重は、鉛直方向が 4 kN、水平方向が $4\sqrt{3}$ kN と分かります。（計算というよりも比べっこです）（図 7-5）

C 支点には水平反力が生じませんので、B 支点だけに $4\sqrt{3}$ kN の水平反力が

図7-5

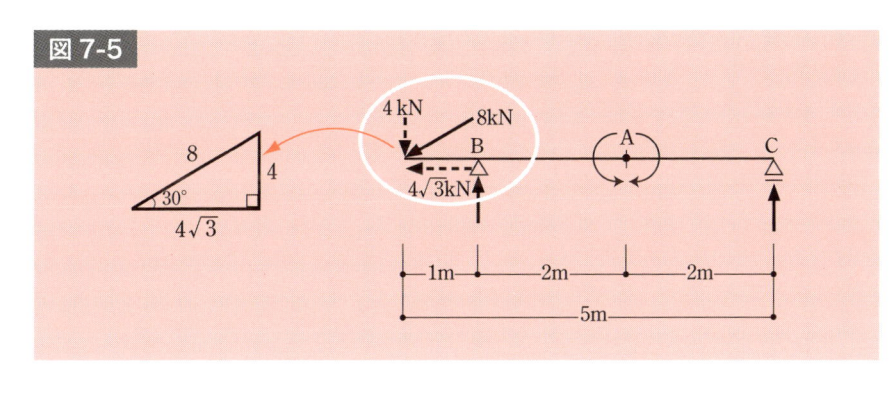

右向きにかかります。

B支点の鉛直反力を求めるために、$\Sigma M_C = 0$ を計算しましょう。

$\Sigma M_C = 0$
$\Sigma M_C = -4 \times 5 + V_B \times 4 = 0$
$V_B = 5$

それでは、A点の曲げモーメントの左側部分を計算しましょう。

$-4 \times 3 + 5 \times 2 = -2$

この「−」はどういう意味だったでしょうか？ これは**A点の曲げモーメントの左側部分のモーメントが反時計回り**だということです。右側から計算すれば、＋2になります。

つまり、図7-5のような曲げモーメントになり、上側引張、下側圧縮の状態ですから、設問の条件に従うと、「−」の符号がつくのです。

確認！

・$\Sigma M = 0$ は、構造体（部材）がどんな点でも回転しないこと、という意味です。主に反力計算のときに使用します。

・**曲げモーメント**は2つのモーメントから出来ていて、**左右どちらかのモーメントの値を求めれば良い**のです。左側のモーメントを計算したければ、左側だけの力によるモーメントの総和を計算します。

左右のモーメントの絶対値（数字そのもの）は同じですが、符号が反対になります。

問題 7-3 ▶▶▶ **正解 3**

POINT!

● 斜めの力は、水平方向と鉛直方向に分解して計算する

問題 7-4

図のような荷重を受ける静定ラーメンの曲げモーメント図として、正しいものは、次のうちどれか。ただし、曲げモーメントは、材の引張側に描くものとする。

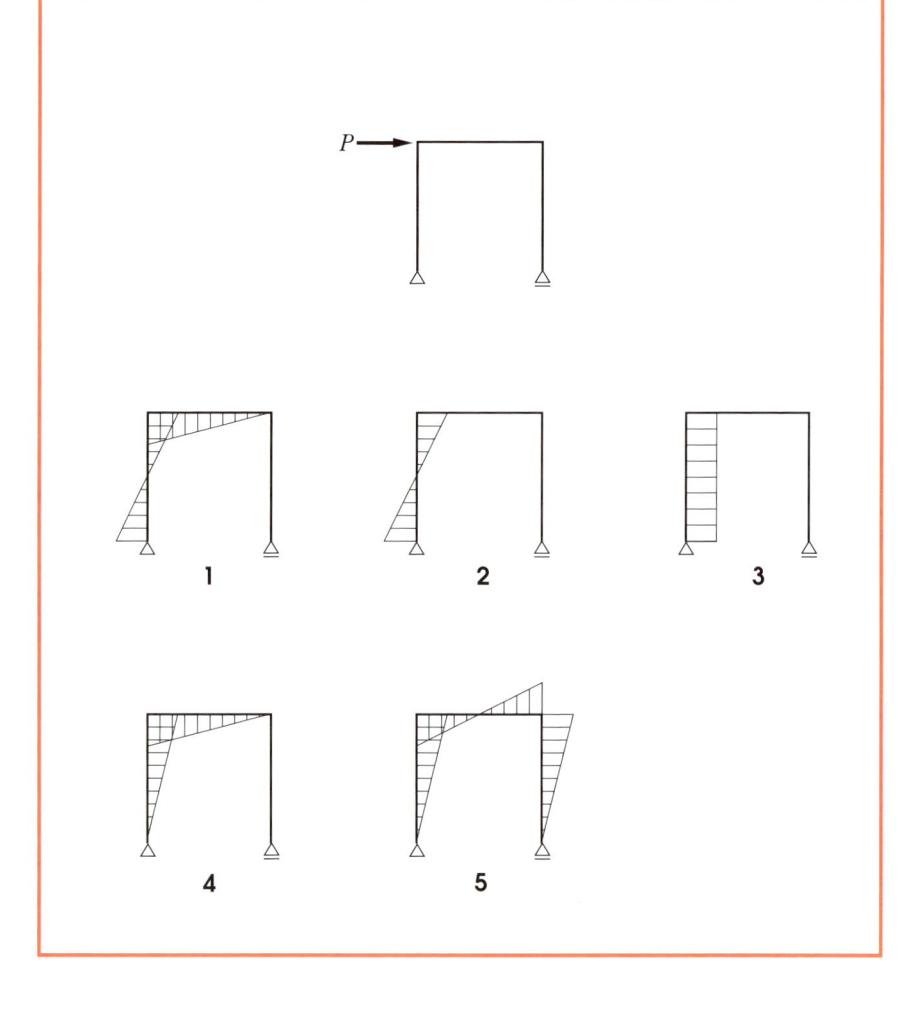

解説

まず、曲げモーメント図とはなんなのでしょうか？

部材の各点の曲げモーメントの値を、その部材に直角に表現したものを曲げモーメント図と言います。そして、材の引張側に描くことになっています。

それでは、やってみましょう。

まず、B支点に注目してください。ここには鉛直反力しか働きません（図7-6）（$\Sigma M_A = 0$ より V_B は上向きになります）。つまり、右側の柱を下から上にたどって考えると、鉛直反力は柱の軸を通過するために、曲げモーメントが発生しないのです（$l = 0$ ということですよ！）。選択肢から**5**が除外されました。

はり（水平部分）の曲げモーメントを右から左に考えてみましょう。B支点の鉛直反力だけを頼りに計算するので、曲げモーメントの右側のモーメントを計算することになります。

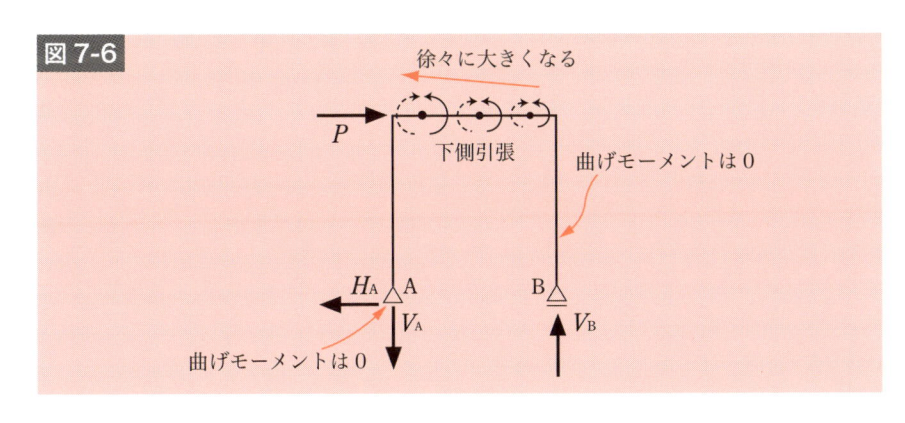

図7-6

徐々に大きくなる

P

下側引張

曲げモーメントは0

H_A △ A

V_A

B △

V_B

曲げモーメントは0

もう一度確認です。モーメント計算のときの l は直角最短距離のことです。

梁の一番右側の点は、B支点の鉛直反力が通過してしまうので、$l = 0$ つまり、曲げモーメントは0です。右側から徐々に左側に進みます。

反力と距離 l が長くなるにつれて、モーメント（曲げモーメントの右側のモーメント）は l の値の分だけ大きくなります。回転方向は明らかに反時計回りです。そして、左側は自動的に時計回りになって、下側引張になりますから、図は梁の下側に表現されます。**1**か**4**のどちらかが答です。

次に、A支点での曲げモーメントについて考えます。

A支点では一般的に水平反力と鉛直反力が作用しますが、どちらも**A支点を**

通過する力です。つまり、左の柱の曲げモーメントを考えたとき、柱の根元のA支点では曲げモーメント（モーメント）は発生しないのです。

したがって、答えは **4** です。

問題 7-4 ▶▶▶ **正解 4**

問題 7-5

図のような荷重を受ける骨組の曲げモーメント図として、正しいものは、次のうちどれか。ただし、曲げモーメントは、材の引張側に描くものとする。

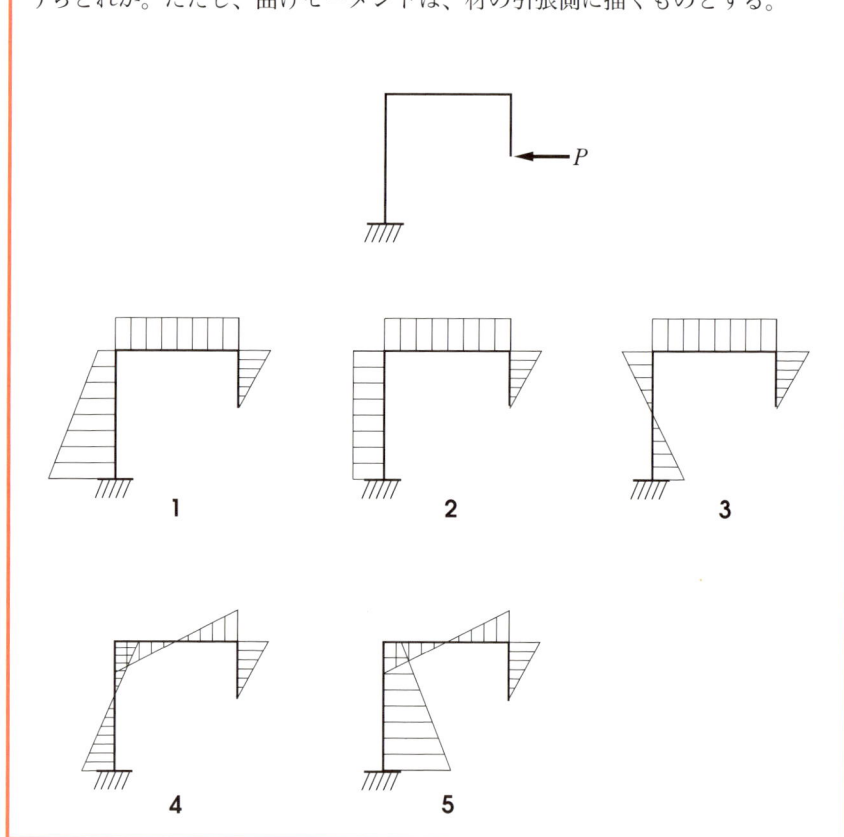

> **解 説**

まず曲げモーメントが0の点を探してみましょう。

それは $M = P \times l$ で l が0の点、つまり力 P が通過する A 点です。

答えは A 点が0になっている **3** か **4** ということになります。

次にはり（水平の部分）の曲げモーメントを考えてみましょう。**力 P と梁の距離は梁のどの位置で考えても l** です（図7-7）。つまり、曲げモーメントは一定でその値は $P \times l$ です。

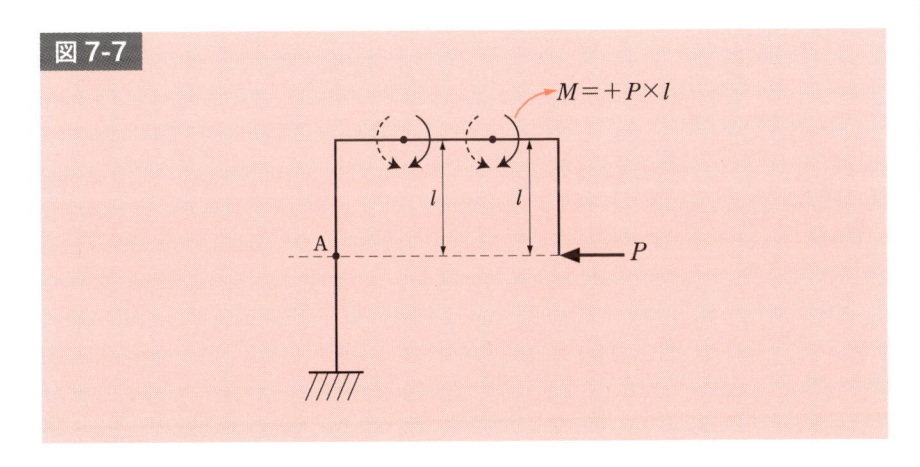

図7-7

$M = +P \times l$

A　　　← P

また、P は右側からかかっているので、$P \times l$ の曲げモーメントは右側に時計回りでかかっていると考えます。この時、左側には点線のモーメントが存在するので、この曲げモーメントは1組で上側引張、下側圧縮となり、**3**のような曲げモーメント図が描けることになります。

問題 7-5 ▶▶▶ **正解 3**

POINT!

- （曲げ）モーメント M は $P \times l$　　$l = 0$ なら $M = 0$
- l が一定なら M も一定

問題 7-6

図のような外力を受ける静定の山形ラーメンにおいて、支点 E に生じる鉛直反力の大きさ R_E の値と、C 点に生じる曲げモーメントの大きさ M_C の値との組合せとして、正しいものは、次のうちどれか。

	R_E	M_C
1	18 kN	90 kN·m
2	18 kN	72 kN·m
3	9 kN	45 kN·m
4	9 kN	36 kN·m
5	3 kN	12 kN·m

解 説

AE（BD）間の長さはいくらでしょうか？

3：4：5 の直角三角形（右図）を利用して、4m の 2 倍の 8m だと思われます。

$\Sigma M_A = 0$ で R_E を求めますが**等分布荷重を一ヵ所にまとめます**。

4 kN/m × 6m = 24 kN が、**AB 材の中央に代表してかかる**ことにします。

$\Sigma M_A = +24 \times 3 - R_E \times 8 = 0$

$R_E = 9$

また、C 点の曲げモーメントを右側から求めますが、荷重は R_E しかありません。**距離は** 6 + 5 = 11（m）**ではありません**。

直角最短距離の 4m です。

$M_C = 9 \times 4 = 36$

問題 7-6 ▶▶ **正解 4**

Point!

- 等分布荷重は中央で代表させる
- モーメント計算のときの距離 l は直角最短距離

問題 7-7

図のような荷重を受ける骨組の支点 A、B に生じる鉛直反力 R_A, R_B の値の組合せとして、正しいものは、次のうちどれか。ただし、鉛直反力の方向は、上向きを「＋」、下向きを「－」とする。

	R_A	R_B
1	0 kN	＋6 kN
2	＋1 kN	＋5 kN
3	＋2 kN	＋4 kN
4	＋3 kN	＋3 kN
5	＋6 kN	0 kN

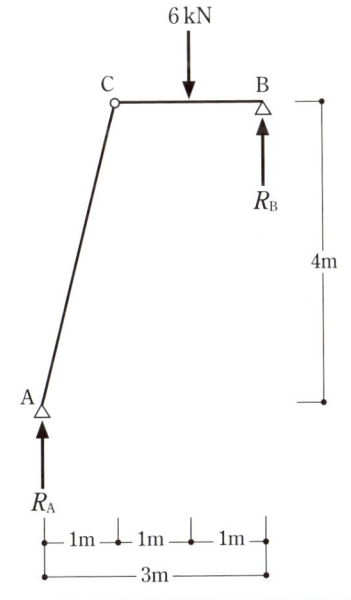

解説

構造体の中に、ピン節点（C 点）がある問題です。

ピン節点とはなんでしょうか？ コンパスの上のぐにゃぐにゃ曲がる部分を想像してみてください。その部分がピン節点なのです。

部材と部材がボルト一個でつながっているところと思ってください。

大切なことは、この部分は折れてしまうだけで、曲がらないところなのです。

しなやかに曲がって初めて曲げモーメントが発生していると言えます。折れるところ、すなわち**ピン節点は曲げモーメントが0**なのです。

　それでは問題を解いていきましょう。

　C点の曲げモーメントが0であることを右側から計算してみましょう（図7-8）。

　B支点はローラー支点ではないので、水平反力H_Bが発生しています。しかし、その水平反力はC点を目指しているために、C点では曲げモーメントを発生させません。つまり、C点の右側からの曲げモーメントは、

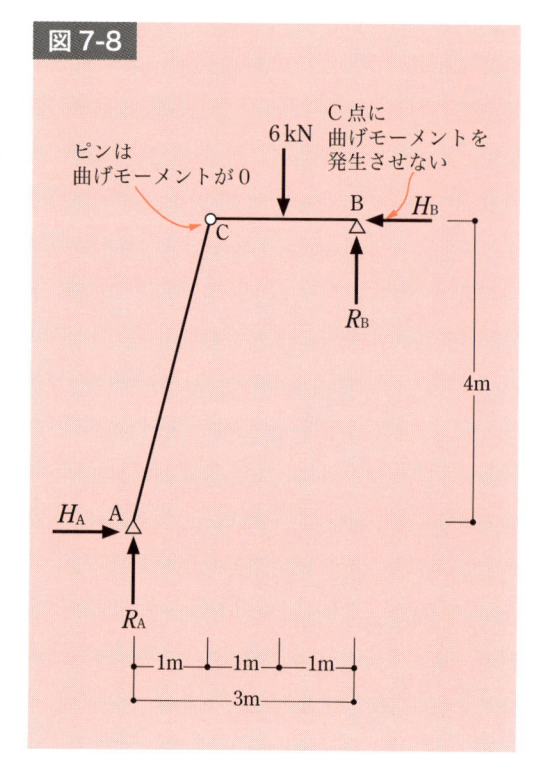

図7-8

6 kN
ピンは曲げモーメントが0
C点に曲げモーメントを発生させない
C
B
H_B
R_B
H_A　A
R_A
1m　1m　1m
3m
4m

$-R_B \times 2 + 6 \times 1$です。
ところがC点の曲げモーメントは0ですから、

$$-R_B \times 2 + 6 \times 1 = 0$$
$$-2R_B = -6 \qquad R_B = +3$$

「＋」は力の向きが図の通りであることを示しています。
　縦方向の力のバランス（$\Sigma Y = 0$）より、R_Aも3です。

問題 7-7 ▶▶▶ **正解　4**

POINT!

- **ピン節点は折れるだけで曲がらない。つまり、曲げモーメントが0**

問題 7-8

図のような荷重 P を受ける静定ラーメンの支点 D に生じる水平反力を H_D、鉛直反力を V_D としたとき、それらの比 ($H_D:V_D$) として、正しいものは、次のうちどれか。

	H_D	:	V_D
1	1	:	1
2	1	:	2
3	2	:	1
4	5	:	6
5	6	:	5

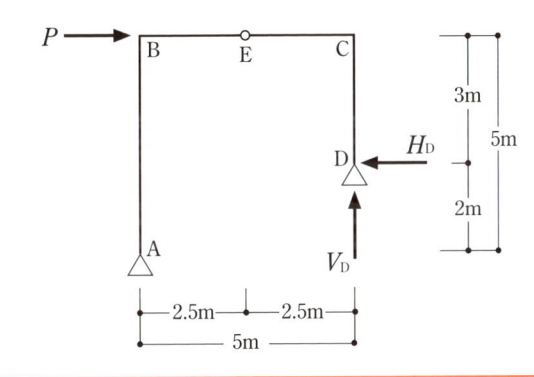

解 説

まず $\Sigma M_A = 0$ を計算してみましょう。

$$\Sigma M_A = +P \times 5 - V_D \times 5 - H_D \times 2 = 0$$

$$5V_D + 2H_D = 5P \qquad ①$$

E 点は**ピン節点のため曲げモーメント M は発生しません。**
それを右側から計算すると

$$\Sigma M_E = +H_D \times 3 - V_D \times 2.5 = 0$$

$$-5V_D + 6H_D = 0 \qquad ②$$

①、②を解くと

$$H_D = \frac{5}{8}P \qquad V_D = \frac{6}{8}P$$

よって $H_D:V_D = 5:6$ (比は式②だけで計算することもできます)

問題 7-8 ▶▶▶ 正解 **4**

POINT!

● 図の中の —○— 印はピン節点で、曲げモーメント M は 0

問題 7-9

図のような外力を受ける静定ラーメンにおいて、梁DEに生じるせん断力 Q_{DE} の絶対値として、正しいものは、次のうちどれか。

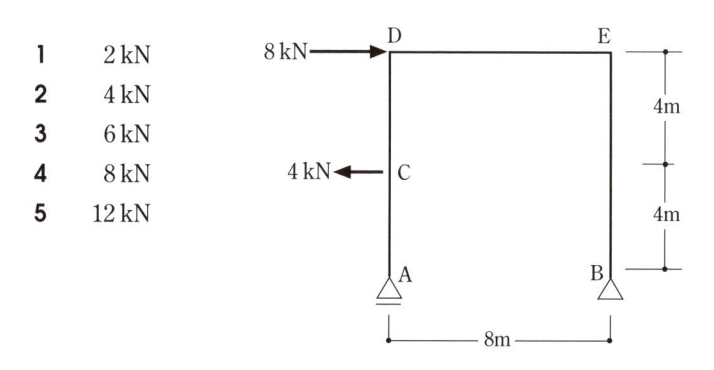

1　2 kN
2　4 kN
3　6 kN
4　8 kN
5　12 kN

解説

今度はせん断力の問題です。

まず、せん断力とはどんな力なのでしょうか？　材軸に平行な力を軸力というのに対して、**材軸に直角な力をせん断力**といいます。

せん断力 Q も応力の一つですから、**値が同じで反対向きの一組の力**のことです。図7-9のように、断面の小さい部分を平行四辺形のように変形させる力です。求め方は、曲げモーメントと同じように、**左側の力を求めるなら、左側の材軸に直角な力だけを合計します**。

力の符号は断面の小さい部分を時計回りに回転させるせん断力を「＋」、反時計回りに回転させるせん断力を「－」とします。

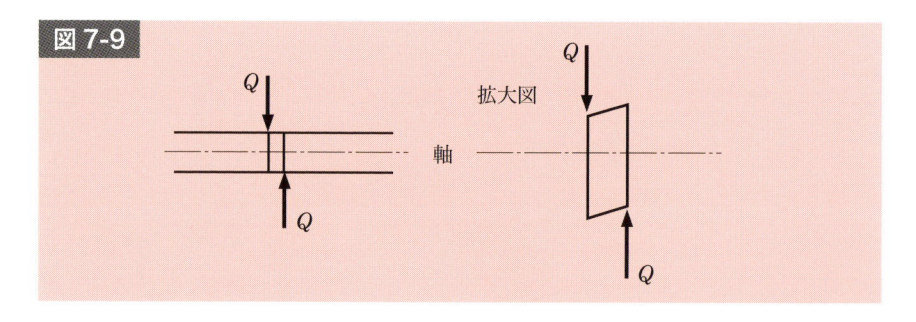

図 7-9

それでは問題を解いてみましょう。

目標を立てます。B支点の鉛直反力を求めることを目標にします。はりDEのせん断力は、B支点の鉛直反力が、柱BEを伝わって、はりEDにかかってくるのです。

大切なことは、**力は向きを変えずに部材を伝わってくる**ということです。

それでは、B支点の鉛直反力を求めましょう（図7-10）。

A支点、B支点の反力をすべて書き出してみます。求めたいV_B以外の力を（?）としてみましょう。この2つの（?）を消去して、なおかつV_Bを計算できる点はないでしょうか？　一ヵ所だけありますね。そうです。A点です。計算しましょう。

$\Sigma M_A = 0$
$\Sigma M_A = -4 \times 4 + 8 \times 8 - V_B \times 8 = 0$
$-8V_B = -48 \qquad V_B = +6$

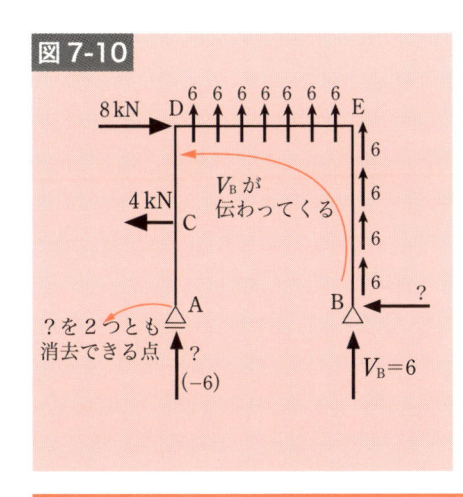

図7-10

B支点の反力は上向き6kNです。これが柱BEを伝わって、梁DEのせん断力になるのです。もし左側から計算したら−6kNになるはずです。

問題7-9 ▶▶▶ 正解　**3**

Point!
- 力は向きを変えずに部材を伝わってくる

問題 7-10

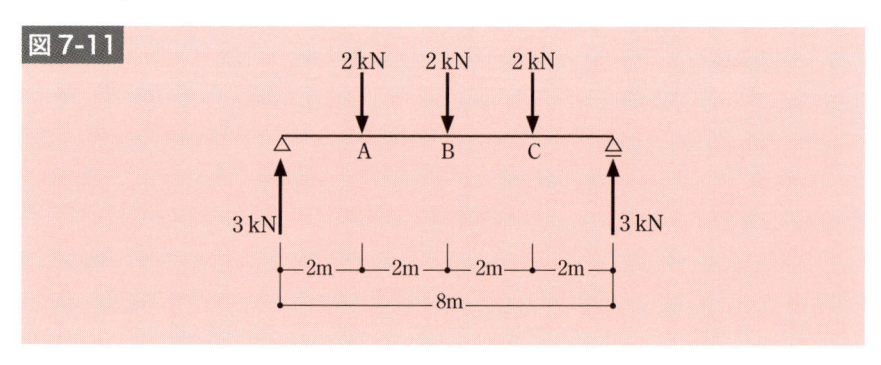

図のような荷重を受ける単純梁において、B点の曲げモーメントの大きさと、A–B間のせん断力の大きさとの組合せとして、正しいものは、次のうちどれか。

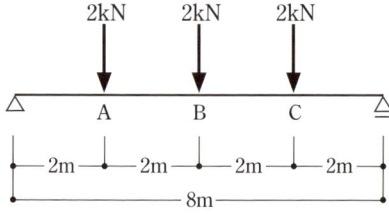

	B点の曲げモーメント	A–B間のせん断力
1	8 kN·m	0 kN
2	8 kN·m	1 kN
3	16 kN·m	0 kN
4	16 kN·m	1 kN
5	16 kN·m	2 kN

解説 荷重が左右対称ですので、反力は3kNずつです（図7-11）。
B点の曲げモーメントはB点の左側のモーメントの総和です。

$M_B = +3 \times 4 - 2 \times 2 = 8 \, \text{kN} \cdot \text{m}$

せん断力 Q は AB 間から左側の材軸に直角な力（せん断力）の総和です。

$Q_{AB} = +3 - 2 = +1 \, \text{kN}$

図 7-11

問題 7-10 ▶▶▶ 正解 **2**

問題 7-11

図のような集中荷重 P を受ける単純ばりの曲げモーメント図が与えられている場合、A–C 間のせん断力の大きさとして、正しいものは、次のうちどれか。

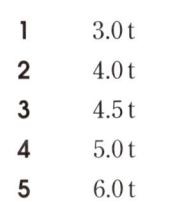

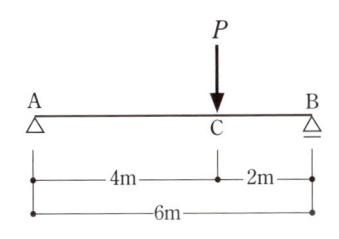

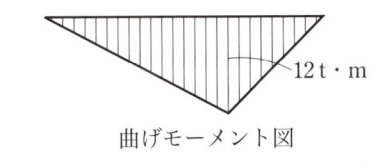

1   3.0 t
2   4.0 t
3   4.5 t
4   5.0 t
5   6.0 t

曲げモーメント図

解説 曲げモーメントは片方からのモーメント計算だけで決まりますから、C 点の曲げモーメント (M_C) が 12 t·m ということは、A 支点の鉛直反力 (V_A) は、12 ÷ 4 = 3 で 3 t になります。せん断力も片方からの軸に直角な力ですから、AC 間のせん断力は A 支点の鉛直反力そのもので 3 t になります。

問題 7-11 ▶▶▶ 正解 **1**

Point!

● 曲げモーメント M もせん断力 Q も片側からの総和！

問題 7-12

図のような荷重を受ける静定ラーメンにおいて、支点A, Bに生じる鉛直反力 R_A, R_B の値と、C点に生じるせん断力 Q_C の絶対値の組合せとして、正しいものは、次のうちどれか。ただし、鉛直反力の方向は、上向きを「＋」、下向きを「－」とする。

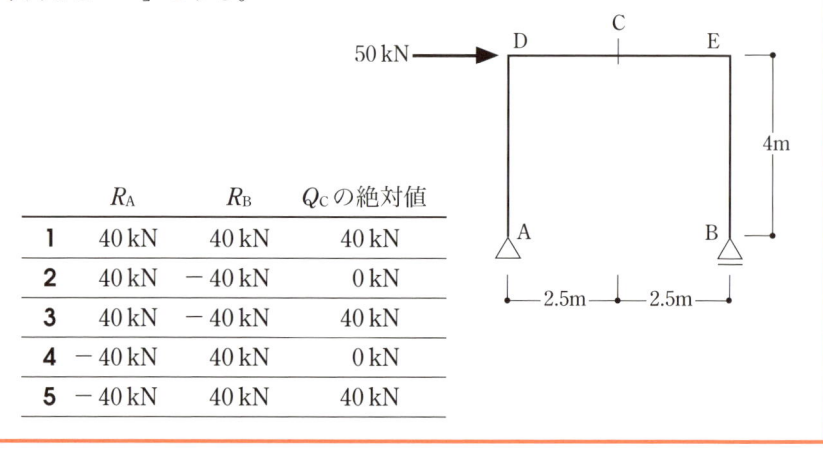

	R_A	R_B	Q_Cの絶対値
1	40 kN	40 kN	40 kN
2	40 kN	− 40 kN	0 kN
3	40 kN	− 40 kN	40 kN
4	− 40 kN	40 kN	0 kN
5	− 40 kN	40 kN	40 kN

解説

まず、反力を求めましょう。A支点の2つの反力を消去することで、B支点の鉛直反力を求めます（図7-12）。

$\Sigma M_A = 0$

$\Sigma M_A = + 50 \times 4 - R_B \times 5 = 0$

$R_B = 40$

$\Sigma Y = 0$ より、A支点の鉛直反力は下向き40 kNです。

つぎはC点のせん断力です。**B支点の鉛直反力が、右の柱を伝わって、向きを変えずにC点までやってきます。**答えは40 kNです。

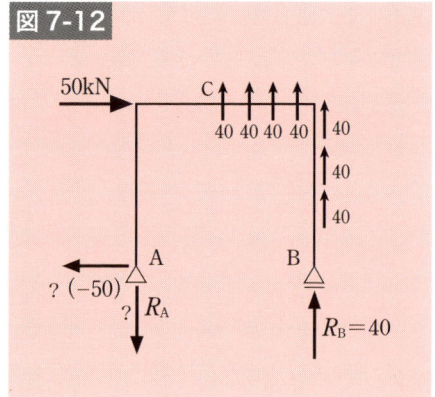

図7-12

問題 7-12 ▶▶▶ 正解 **5**

POiNT!
● 力は向きを変えずに部材を伝わってくる

問題 7-13

図のような荷重を受ける静定ラーメンにおいて、A点に生じるせん断力 Q_A の絶対値と曲げモーメント M_A の絶対値との組合せとして、正しいものは、次のうちどれか。

	Q_Aの絶対値	M_Aの絶対値
1	8 kN	32 kN·m
2	8 kN	16 kN·m
3	8 kN	8 kN·m
4	4 kN	32 kN·m
5	4 kN	16 kN·m

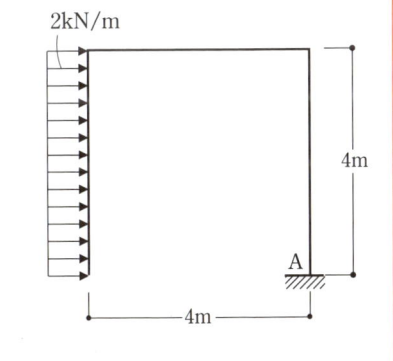

解説 まず、外力を一ヵ所にまとめてみましょう。

1mについて2kNの力が4mに分布しているので、中央に8kNの力(集中荷重と言います)がかかっているものとします (図7-13)。

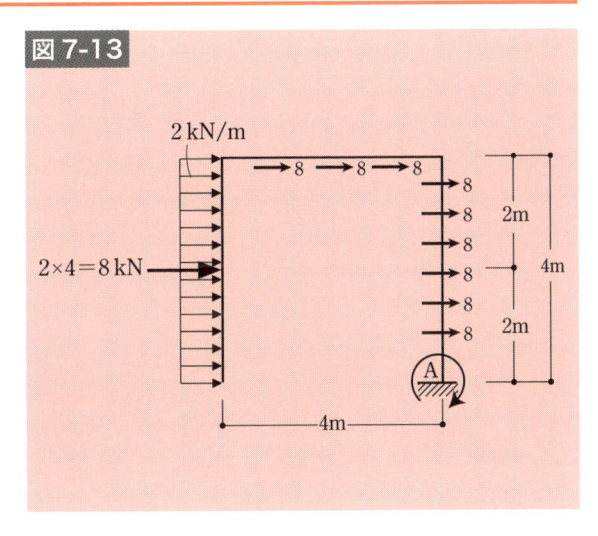

図 7-13

67

せん断力から考えましょう。この **8kN の力が、梁にとっては軸力として、右側の柱にとってはせん断力として、A 点まで降りてきます**。つまり、A 点のせん断力は 8kN です。

次は曲げモーメントです。力から A 点までの間の部材が、**どのような形をしていても、8kN の力と A 点の距離は 2m** です。計算します。

$$M_A = 8 \times 2 = 16 \text{ (kN·m)}$$

問題 7-13 ▶▶▶ 正解 **2**

POINT!

● **距離 l は力 P と点 O だけで決まり、直角最短距離が距離 l になる！**

問題 7-14

図–1 のような単純ばりを図–2 のように、等分布荷重 w（kN）を変えずに、スパン l（m）を 2 倍にした場合に生じる変化に関する次の記述のうち、最も不適当なものはどれか。ただし、はりは、自重を無視するものとし、材質および断面は変わらないものとする。

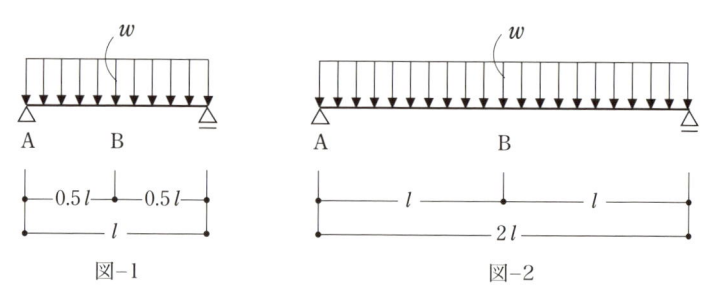

図–1

図–2

1　最大せん断力は、変わらない。
2　A 点の鉛直反力が 2 倍になる。
3　最大曲げモーメントが 4 倍になる。
4　A 点のたわみ角が 8 倍になる。
5　B 点のたわみが 16 倍になる。

解説

やってみましょう。

まず、反力を計算します。等分布荷重 w（kN）は 1m につき w kN の力であることを意味しています。合計の荷重（W）は図-1 では wl、図-2 では $2wl$ です。

図-1 では、A 点での鉛直反力は $\frac{1}{2}wl$、図-2 では wl です。

各々のせん断力について、A 点から B 点までを考えてみましょう。

この間の、**ある点から左側の力の合計は「反力」-「A 支点からこの点までの荷重分」**となり、**少しずつ減っていく**のが分かります。結局、もっとも大きい値は荷重の減少分の影響を受けない A 点でした。つまり、図-1 の最大せん断力は $\frac{1}{2}wl$、図-2 は wl です。

ちなみに、**B 点では A 支点での反力と、AB 間の荷重**（図-1 では、$\frac{1}{2}wl$）が、**お互いに打ち消し合うため、せん断力は 0** になります。

次は、最大曲げモーメントです。公式もあるのですが、自力でやってみましょう。

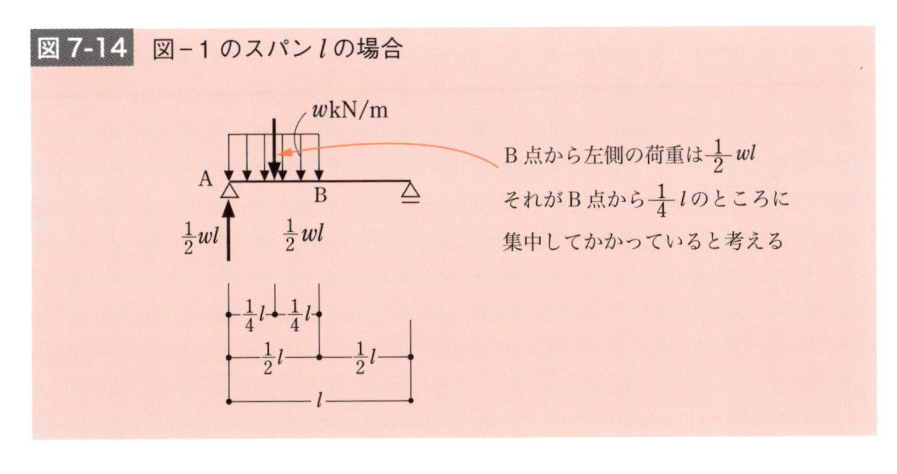

図 7-14 図-1 のスパン l の場合

w kN/m

B 点から左側の荷重は $\frac{1}{2}wl$
それが B 点から $\frac{1}{4}l$ のところに集中してかかっていると考える

$\frac{1}{2}wl$　$\frac{1}{2}wl$

$\frac{1}{4}l$　$\frac{1}{4}l$
$\frac{1}{2}l$　$\frac{1}{2}l$
l

一番曲がる部分は梁中央と考えて、この部分の曲げモーメントを求めます。図 7-14（スパン l）からです。B 点より左側の外力を見てみましょう。まず、反力 $\frac{1}{2}wl$ があります。それだけでしょうか？ 等分布荷重があるのです。

やはり、分布状態では計算できませんので、$\frac{l}{2}$ 分の荷重をその真ん中に代表させます。その荷重と B 点までの距離は $\frac{l}{4}$ です。計算してみましょう。

$$M_B = +\frac{1}{2}wl \times \frac{l}{2} - \frac{1}{2}wl \times \frac{l}{4}$$
$$= \frac{1}{4}wl^2 - \frac{1}{8}wl^2$$
$$= \frac{1}{8}wl^2$$

図 7-15（スパン $2l$）の場合は、
$$\Sigma M_B = +wl \times l - wl \times \frac{l}{2}$$
$$= wl^2 - \frac{1}{2}wl^2$$
$$= \frac{1}{2}wl^2$$

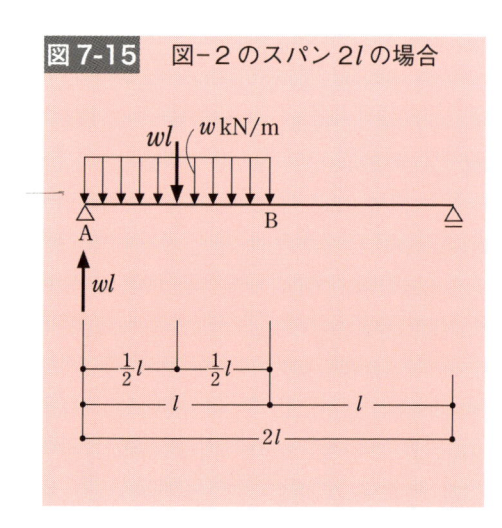

図 7-15　図-2 のスパン $2l$ の場合

1 は不適当で、**2, 3,** は適当でした。
4 と **5** については不静定の問題なので、省略します。

問題 7-14 ▶▶▶ **正解　1**

Point!
- 等分布荷重は荷重を中央に代表させて考える

問題 7-15

図A〜Dのような荷重等を受ける単純梁に生じる最大せん断力の絶対値の大小関係として、正しいものは、次のうちどれか。

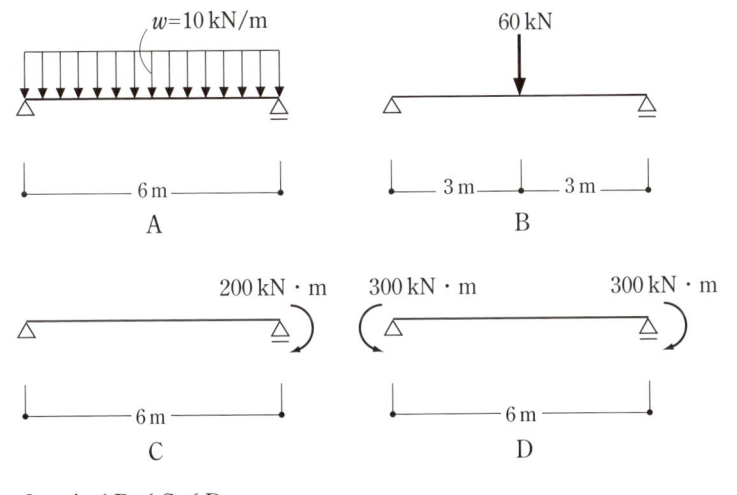

$w=10\,\mathrm{kN/m}$

A 6 m

60 kN

B 3 m / 3 m

200 kN・m

C 6 m

300 kN・m 300 kN・m

D 6 m

1　A＜B＜C＜D
2　A＝B＜C＜D
3　A＜B＝C＜D
4　D＜A＝B＜C
5　D＜A＜B＜C

解説

A. 前問で勉強した通り、反力が最大せん断力でした。
　　$10 \times 6 \div 2 = 30$　　30kN です。

B. 左の支点から計算しても、右からでも 30kN です。

C. 初めての問題です。
　右側の支点にかかっている 200 kN・m とは何なのでしょうか？
　これはモーメント荷重と言って、その本質は偶力モーメントなのです。
　こんなふうに考えてみましょう。右支点に 1m の棒が図 7-16 のように付いていて、その2ヵ所の先端に同じ値で、平行で、逆向きの 200 kN の力がかかっていると考えてください。

図7-16

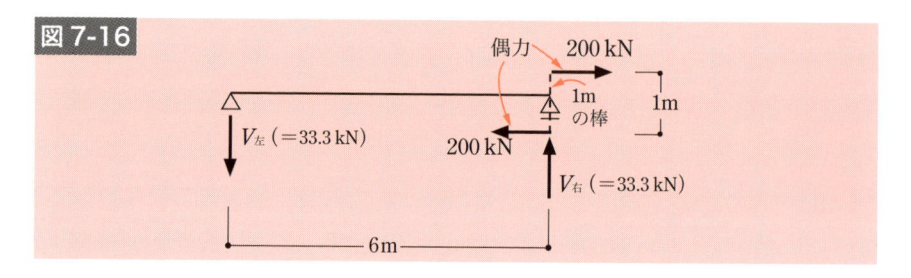

反力を計算しましょう。右支点の鉛直反力を計算するために、左支点で$\Sigma M = 0$を考えます。この時、先程の偶力モーメントはどの点で計算しても**200 kN·m**でしたね。

$\Sigma M_左 = 0$

$\Sigma M_左 = + 200 - V_右 \times 6 = 0$

$V_右 = 33.3 \text{ kN}$

$V_左$は下向き33.3 kNです。偶力は力を打ち消し合うため、せん断力には関係しません。左支点から考えても、右支点からでも、せん断力は33.3 kNです。

D. 前問と同様に左支点の300 kN·mは反時計回りの偶力モーメント、右支点の300 kN·mは時計回りの偶力モーメントです。

この2つは、どの点で考えても、値は同じです（図7-17）。

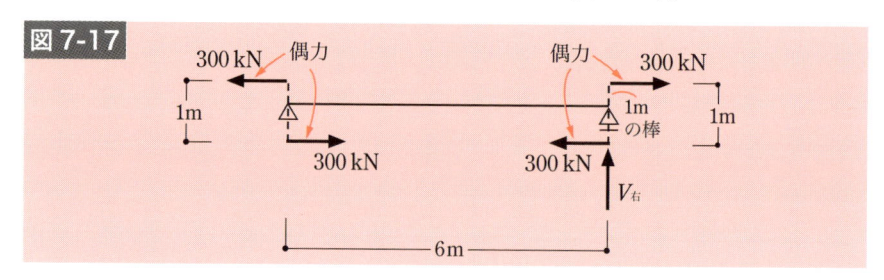

図7-17

$V_右$を計算しましょう。

$\Sigma M_左 = 0$

$\Sigma M_左 = - 300 + 300 - V_右 \times 6 = 0$

$V_右 = 0$

$V_左$も0です。結局、反力が2ヵ所ともないので、せん断力は発生しませんでした。答えは**4**です。

問題 7-15 ▶▶▶ 正解 **4**

POiNT!
- モーメント荷重とは偶力モーメントのこと

問題 7-16

次の図のような荷重を受ける単純ばりのうち、せん断力が全スパンにわたって生じないものはどれか。

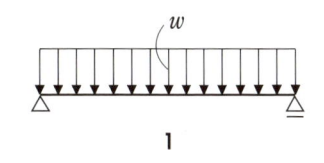

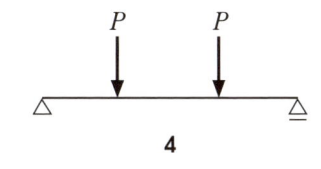

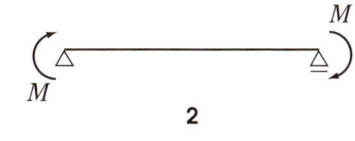

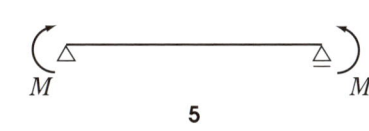

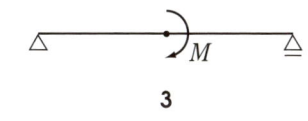

解説

反力を求めることでせん断力を計算してみましょう。

梁の長さを l とします。

1（図7-18）

反力は $\dfrac{wl}{2}$ ですから両端のせん断力は $\dfrac{wl}{2}$ です。

中央に進むにつれて徐々に減っていき、中央では反力の上向き $\dfrac{wl}{2}$ と、もとの荷重の下向き $\dfrac{wl}{2}$ で相殺されて、せん断力は 0 になります。

2（図7-19）

モーメント荷重 M は偶力モーメントでしたね。偶力モーメントはどこで計算しても同じ値です。

V_B を求めます。

$\Sigma M_A = 0$

$\Sigma M_A = + M + M - V_B \times l = 0$

$V_B = \dfrac{2M}{l}$

V_A は下向き $\dfrac{2M}{l}$ です。

よってせん断力は全スパン $\dfrac{2M}{l}$ です。

3（図7-20）

V_B を求めます。

$\Sigma M_A = 0$

$\Sigma M_A = + M - V_B \times l = 0$

$V_B = \dfrac{M}{l}$

図 7-18

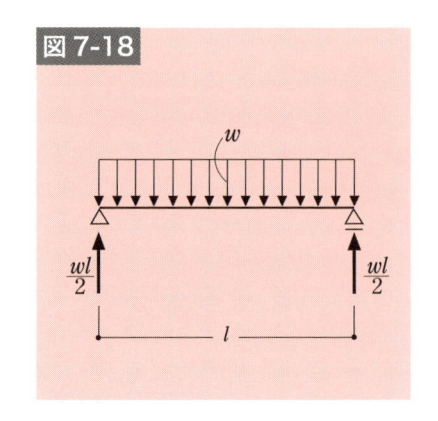

図 7-19

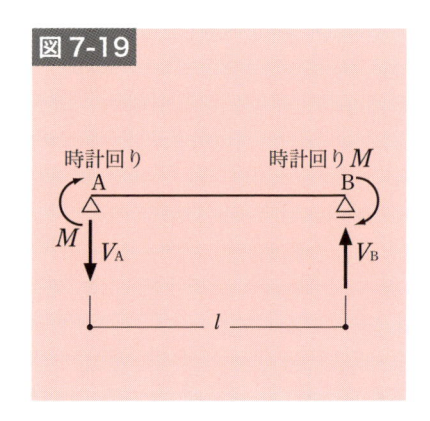

図 7-20

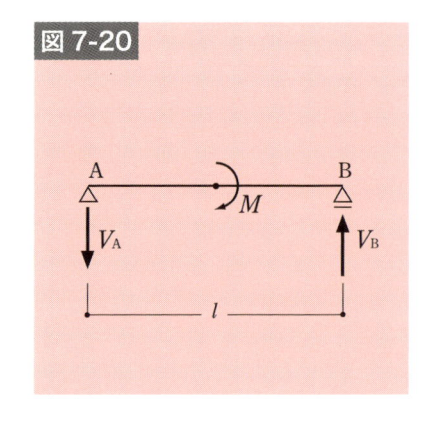

偶力モーメントはどこで計算しても同じ値なので、

　　V_A は下向き $\dfrac{M}{l}$ です。

よってせん断力は全スパン $\dfrac{M}{l}$ です。

4（図 7-21）

反力は荷重が左右対称のため、上向き P ずつです。AC 間、DB 間はせん断力は P ですが、CD 間は 0 です。

図 7-21

5（図 7-22）

　V_B を求めます。

　　　$\Sigma M_A = 0$

　　　$\Sigma M_A = +M - M - V_B \times l = 0$

　　　$V_B = 0$

よって V_A も 0 です。

つまり、全スパン、せん断力は 0 ということになります。

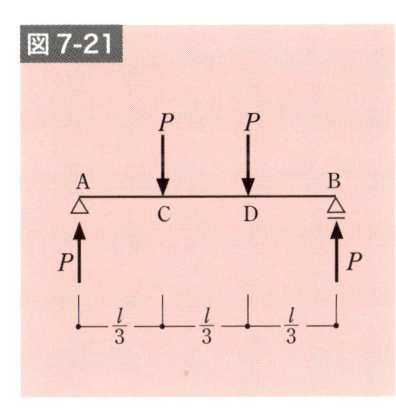

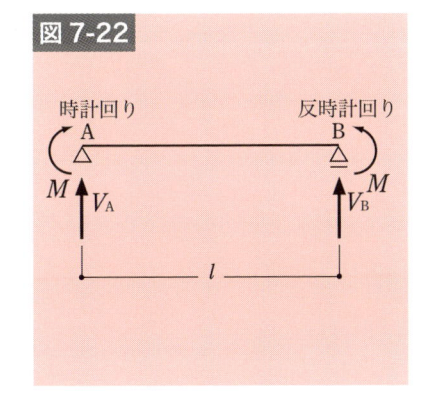

図 7-22

問題 7-16 ▶▶▶ 正解　**5**

Point!

- せん断力は片方からの合計
- モーメント荷重 M は偶力モーメントのため、どこで計算してもモーメントの値は M のまま

8 曲げ応力度

　曲げ応力度について勉強しましょう。

　まず、曲げモーメントを与えられたはりの変形を考えます。図 8-1 のように引張側の下端が一番伸びて、圧縮側の上端が一番縮んでいます。その間は、徐々に伸びから縮みへと移行していきます。伸びも縮みもしないラインを中立軸と言っています。

　さて、このように**伸びたり縮んだりしているのは、その部分部分で伸ばしたり縮めたりする力が働いている**からだと考えます。その部分の面積を 1mm^2 として考え、そこにはたらく力を**曲げ応力度**と言います。**単位**は前にも勉強したとおり、**N/mm^2** です。

　そして、**最も伸びている部分と縮んでいる部分にはたらく曲げ応力度のことを、最大曲げ応力度**といいます（この場合、伸びている部分と縮んでいる部分にはたらく応力度は等しいと考えます）。

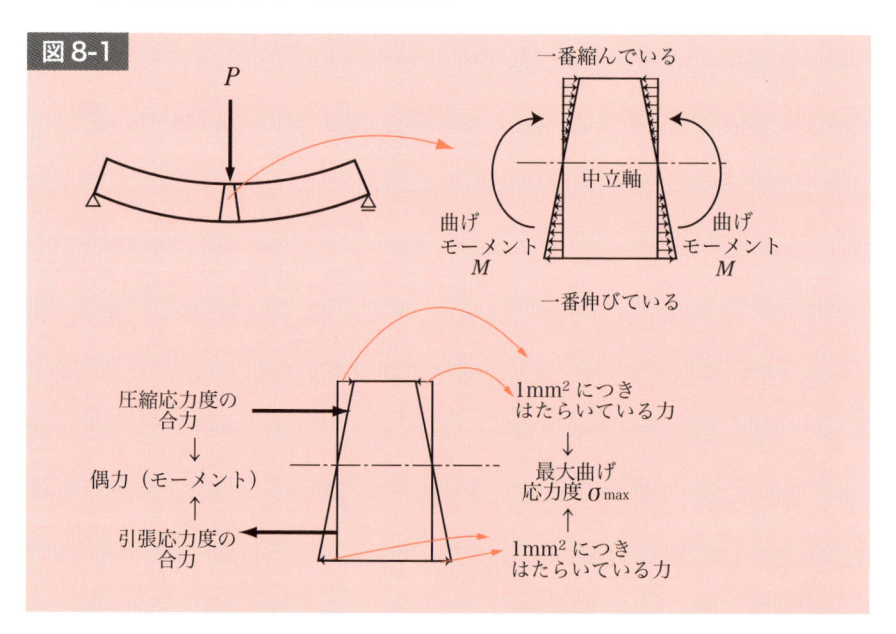

図 8-1

この三角形分布の応力度の合力は引張、圧縮それぞれ、端から中立軸までの距離の$\frac{1}{3}$のところにあります。そして、これらの合力は値が同じで、向きが反対で、逆向きの力ですので、偶力そのものです。そうです。この偶力が作るモーメント、いわゆる**偶力モーメントこそが、曲げモーメント**の片割れなのです。

これを式に置くと、次のようになるのです。

$$M = \sigma_{max} \times Z$$

σ_{max}：最大曲げ応力度
Z：断面係数、長方形断面では$\frac{bh^2}{6}$

この式を変形すると、

$$\sigma_{max} = \frac{M}{Z}$$

となります。

試験では、圧倒的に最大曲げモーメント時の最大曲げ応力度が要求されますので、下式のように書き直しても良いと思います。

$$\sigma_{max} = \frac{M_{max}}{Z}$$

問題 8-1

図のような荷重を受ける単純ばりに断面 12 cm × 20 cm の部材を用いたとき、その部材に生じる最大曲げ応力度として、正しいものは、次のうちどれか。ただし、部材の自重は無視するものとし、1 N = 0.102 kgf とする。

1 500 N/cm²
2 750 N/cm²
3 1,125 N/cm²
4 1,250 N/cm²
5 1,875 N/cm²

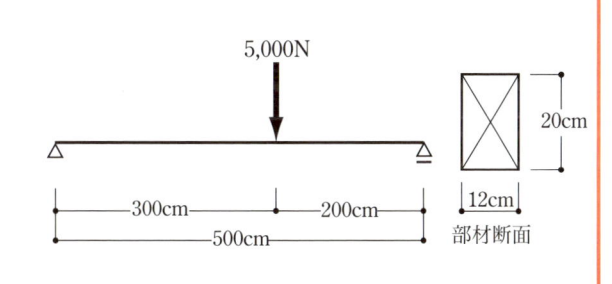

荷重：5,000 N
スパン：300 cm + 200 cm = 500 cm
部材断面：12 cm × 20 cm

解説

いよいよ問題を解いてみましょう（図8-2）。
1.反力　2.最大曲げモーメント　3.最大曲げ応力度　の順で解いていきます。

1. 反力

V_A を求めます。
$\Sigma M_B = 0$
$\Sigma M_B = + V_A \times 500 - 5,000 \times 200$
$\qquad = 0$
$V_A = 2,000$

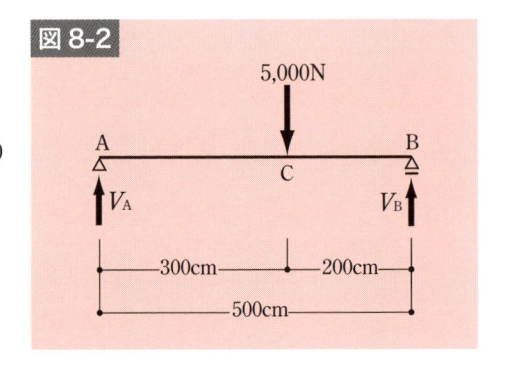

図 8-2

2. 最大曲げモーメント M_{max} は荷重点の C 点で発生します。

$M_{max} = 2,000 \times 300 = 600,000 \, \text{N} \cdot \text{cm}$

3. 最大曲げ応力度　σ_{max}

Z を計算しておきます。

$$Z = \frac{bh^2}{6} = \frac{12 \times 20^2}{6} = 800$$

$$\sigma_{max} = \frac{M_{max}}{Z}$$

$$= \frac{600,000}{800} = 750 \, \text{N/cm}^2$$

問題 8-1 ▶▶▶ **正解　2**

POINT!

- **最大曲げ応力度は、曲げモーメントを断面係数で割って求められる**

問題 8-2

図のような荷重を受ける片持ばりに断面 200mm × 300mm の部材を用いた場合、最大曲げ応力度が 10N/mm² となるときのはりの長さ l の値として、正しいものは、次のうちどれか。ただし、部材の自重は無視し、1N = 0.102 kgf とする。

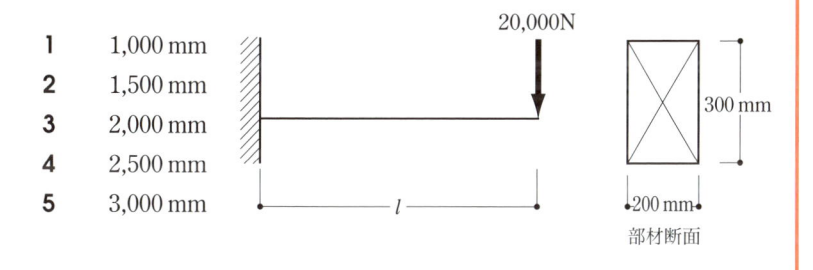

1　1,000 mm
2　1,500 mm
3　2,000 mm
4　2,500 mm
5　3,000 mm

解説

片持ち梁の問題です。この問題では反力を求める必要はありません。**支えている部分**（固定端）**が先端荷重の位置から最も遠いので、最大曲げモーメントはその位置に発生**するからです。これは梁の長さを求める設問ですが、前問と同じように解いてみましょう。

1. 最大曲げモーメント

$$M_{max} = 20{,}000 \times l = 20{,}000\, l$$

2. 最大曲げ応力度

$$Z = \frac{bh^2}{6} = \frac{200 \times 300^2}{6} = 3{,}000{,}000$$

$$\sigma_{max} = \frac{M_{max}}{Z} = \frac{20{,}000\, l}{3{,}000{,}000} = \frac{l}{150}$$

$$\frac{l}{150} = 10 \qquad l = 1{,}500$$

問題 8-2 ▶▶▶ 正解　**2**

POINT!

● 片持ち梁の最大曲げモーメントは固定端に発生する

問題 8-3

図のような荷重 P（N）を受ける長さ l（mm）の単純ばりに断面 b（mm）× h（mm）の部材を用いたとき、その部材に生じる最大曲げ応力度として、正しいものは、次のうちどれか。ただし、部材の自重は無視するものとする。

1. $\dfrac{9Pl}{4bh^2}$（N/mm²）
2. $\dfrac{3Pl}{8bh^2}$（N/mm²）
3. $\dfrac{9Pl}{8bh^2}$（N/mm²）
4. $\dfrac{3Pl}{16bh^2}$（N/mm²）
5. $\dfrac{9Pl}{16bh^2}$（N/mm²）

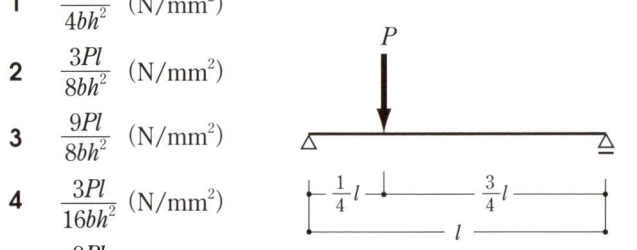

解説

この問題では、具体的な数字は出ていませんが、**アルファベットを数字だと思って計算**しましょう（図8-3）。

1. 反力

$$\Sigma M_B = 0$$
$$\Sigma M_B = +V_A \times l - P \times \dfrac{3}{4}l = 0$$
$$V_A = \dfrac{3}{4}P$$

図 8-3

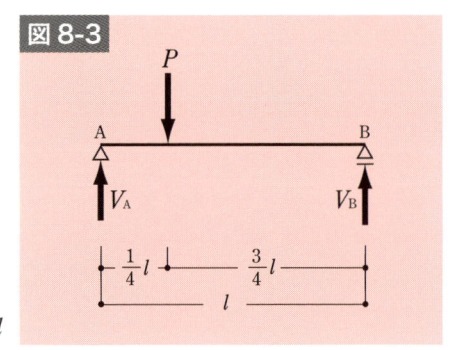

2. 最大曲げモーメント

$$M_{max} = \dfrac{3}{4}P \times \dfrac{1}{4}l = \dfrac{3}{16}Pl$$

3. 最大曲げ応力度

$$Z = \dfrac{bh^2}{6}$$
$$\sigma_{max} = \dfrac{M_{max}}{Z} = M_{max} \div Z$$

$$= \frac{3Pl}{16} \div \frac{bh^2}{6}$$

$$= \frac{3Pl}{16} \times \frac{6}{bh^2} = \frac{9Pl}{8bh^2}$$

問題 8-3 ▶▶▶ 正解 **3**

POINT!
● 分からない値も数字と見なして計算していこう！

問題 8-4

図のような等分布荷重 w（N/mm）を受ける長さ l（mm）の片持ばりに断面 b（mm）× h（mm）の部材を用いたとき、その部材に生じる最大曲げ応力度として、正しいものは、次のうちどれか。ただし、部材の自重は無視するものとする。

1. $\dfrac{3wl^2}{bh^2}$ （N/mm²）
2. $\dfrac{3wl^2}{b^2h}$ （N/mm²）
3. $\dfrac{6wl^2}{bh^2}$ （N/mm²）
4. $\dfrac{6wl^2}{bh^3}$ （N/mm²）
5. $\dfrac{6wl^2}{b^3h}$ （N/mm²）

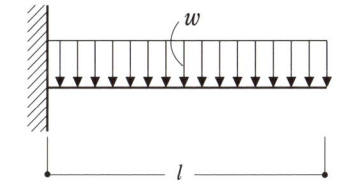

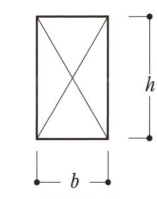

部材断面

解説

片持ち梁に**等分布荷重が載っている**問題です。今までと同様に、この**荷重を一つにまとめます**。梁の中央部分に、
$W = w \times l = wl$ の集中荷重がかかっていると考えます。

1. **最大曲げモーメント**（符号は考えていません）

$$M_{max} = wl \times \frac{1}{2}l = \frac{1}{2}wl^2$$

2. 最大曲げ応力度

$$Z = \frac{bh^2}{6}$$

$$\sigma_{max} = M_{max} \div Z = \frac{wl^2}{2} \div \frac{bh^2}{6}$$

$$= \frac{wl^2}{2} \times \frac{6}{bh^2}$$

$$= \frac{3wl^2}{bh^2}$$

問題 8-4 ▶▶▶ 正解 1

POINT!

● 等分布荷重は中央に荷重をまとめて考える！

問題 8-5

図のような2か所に荷重 P(N) を受ける長さ l(mm)、断面 b(mm)× h(mm)の単純ばりのA点に生じる最大曲げ応力度として、正しいものは、次のうちどれか。ただし、はりの自重は無視するものとする。

1 $\dfrac{Pl}{bh^2}$ (N/mm²)

2 $\dfrac{2Pl}{bh^2}$ (N/mm²)

3 $\dfrac{4Pl}{bh^2}$ (N/mm²)

4 $\dfrac{Pl}{bh^3}$ (N/mm²)

5 $\dfrac{2Pl}{bh^3}$ (N/mm²)

解説

1. 反力

荷重が左右対称であるため、反力は左右とも上向き P です。

2. 曲げモーメント

A点の曲げモーメントは、

$$P \times \frac{1}{6}l = \frac{1}{6}Pl$$

3. 最大曲げ応力度

$$Z = \frac{bh^2}{6}$$

$$\sigma_{max} = \frac{Pl}{6} \div \frac{bh^2}{6} = \frac{Pl}{bh^2}$$

問題 8-5 ▶▶▶ 正解 1

POINT!

● 荷重が左右対称の単純梁の反力は両支点とも同じ値！

ちょっとひと息

次の構造体の中で、曲げモーメントが 0 の点を探しなさい。

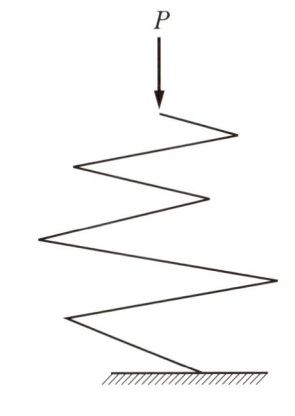

（答えは 111 ページ）

問題 8-6

図のような荷重を受ける、スパンが等しく断面の異なる単純梁A及び単純梁Bにおいて、C_A点、C_B点に生じる最大曲げ応力度をそれぞれσ_A、σ_Bとしたとき、それらの比$\sigma_A : \sigma_B$として、正しいものは、次のうちどれか。ただし、単純梁に用いる部材はいずれも同じ材質とし、自重は無視するものとする。

	σ_A	:	σ_B
1	9	:	8
2	9	:	4
3	4	:	3
4	3	:	4
5	1	:	3

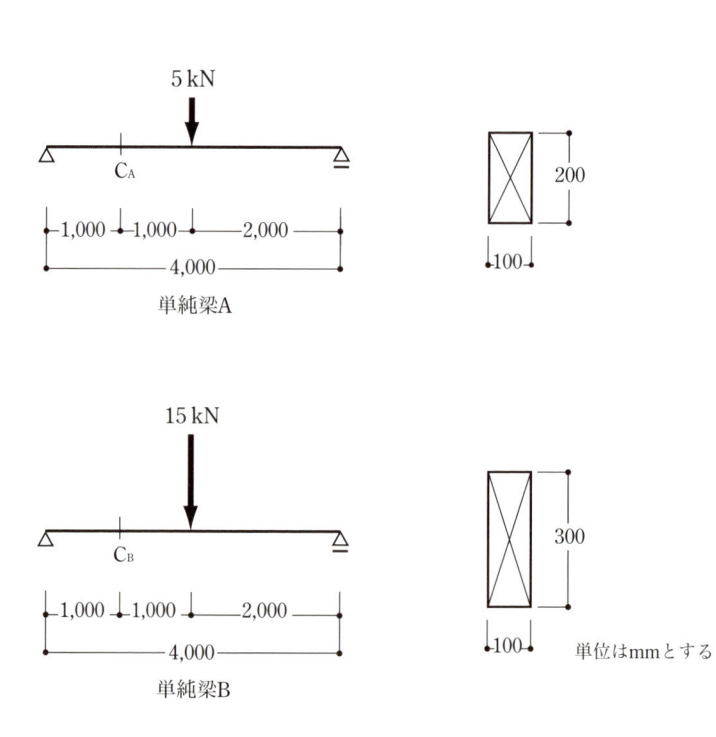

単純梁A: 5 kN荷重、スパン4,000（1,000+1,000+2,000）、断面 100×200

単純梁B: 15 kN荷重、スパン4,000（1,000+1,000+2,000）、断面 100×300

単位はmmとする

解 説

単純梁 A

反力：2.5kN

C_A 点での曲げモーメント：$M_{CA} = 2.5 \times 1,000 = 2,500$

断面係数：$Z = \dfrac{100 \times 200^2}{6}$

最大曲げ応力度：$\sigma_A = M_{CA} \div Z = 2,500 \times \dfrac{6}{100 \times 200^2}$

単純梁 B

反力：7.5kN

C_B 点での曲げモーメント：$M_{CB} = 7.5 \times 1,000 = 7,500$

断面係数：$Z = \dfrac{100 \times 300^2}{6}$

最大曲げ応力度：$\sigma_B = M_{CB} \div Z = 7,500 \times \dfrac{6}{100 \times 300^2}$

よって

$$\sigma_A : \sigma_B = \dfrac{2,500 \times 6}{100 \times 200^2} : \dfrac{7,500 \times 6}{100 \times 300^2}$$

$$= \dfrac{1}{2^2} : \dfrac{3}{3^2}$$

$$= \dfrac{1}{4} : \dfrac{1}{3}$$

$$= 3 : 4$$

問題 8-6 ▶▶▶ 正解 **4**

POINT!

● 数字は大きくなっても最後の比は簡単になる！

問題 8-7

図のような荷重 P (N) を受ける長さ l (mm)、断面 b (mm) × $2h$ (mm) の単純ばりに生じる最大曲げ応力度として、正しいものは、次のうちどれか。ただし、はりを構成する二つの材は、それぞれ相互に接合されていないものとし、はりの自重は無視するものとする。

1. $\dfrac{3Pl}{bh^2}$ (N/mm^2)
2. $\dfrac{3Pl}{4bh^2}$ (N/mm^2)
3. $\dfrac{3Pl}{8bh^2}$ (N/mm^2)
4. $\dfrac{3Pl}{2bh^3}$ (N/mm^2)
5. $\dfrac{3Pl}{8bh^3}$ (N/mm^2)

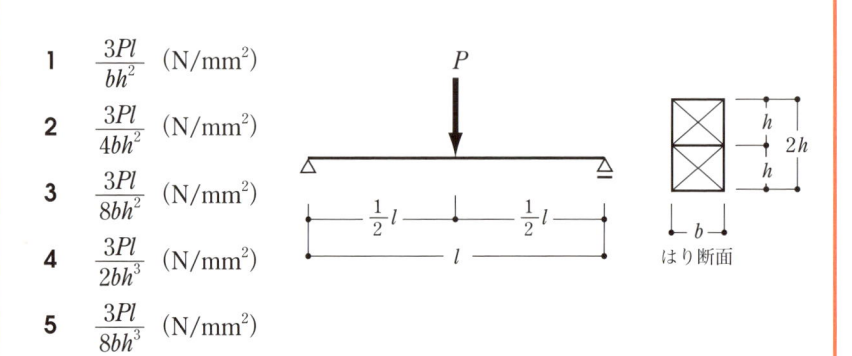

解説　「梁を構成する二つの材は、それぞれ相互に接合されていない」ことから、**梁幅 b**、**梁高**（梁せいといいます）h の梁に $\dfrac{1}{2}P$ の荷重がかかっているものとして計算します（図8-4）。

1本の梁について計算します。

1. 反力

    $\dfrac{1}{4}P$ ずつです

2. 最大曲げモーメント

    $\dfrac{1}{4}P \times \dfrac{1}{2}l = \dfrac{1}{8}Pl$

3. 最大曲げ応力度

    $Z = \dfrac{bh^2}{6}$

    $\sigma_{max} = \dfrac{Pl}{8} \div \dfrac{bh^2}{6} = \dfrac{3Pl}{4bh^2}$

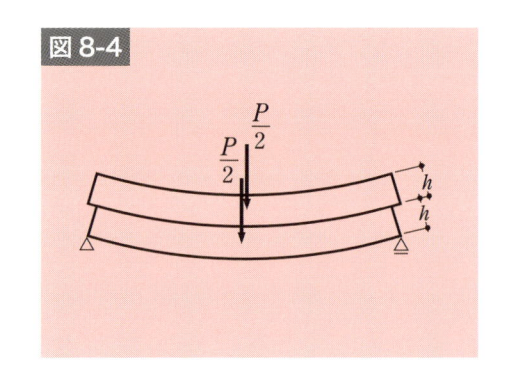

問題 8-7 ▶▶▶ **正解 2**

Point!

● 接合されていない梁は、1本分だけを計算する

問題 8-8

図のような長方形断面を有する木造のはりの X 軸についての許容曲げモーメントとして、正しいものは、次のうちどれか。ただし、はり材の許容曲げ応力度は、$18\,\mathrm{N/mm^2}$ とする。

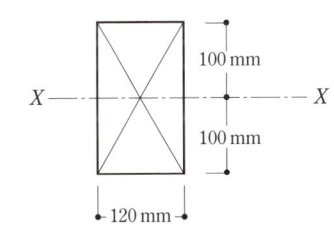

1　　432 N·m
2　　864 N·m
3　　7,200 N·m
4　　8,640 N·m
5　　14,400 N·m

解説　許容曲げモーメントを最大曲げモーメントと考え、許容曲げ応力度を最大曲げ応力度と考えて計算してください。

$M = \sigma \times Z$ でしたね。

断面係数：$Z = \dfrac{bh^2}{6} = \dfrac{120 \times 200^2}{6} = 800{,}000$

$M = \sigma \times Z = 18 \times 800{,}000 = 14{,}400{,}000\,\mathrm{N\cdot mm} = 14{,}400\,\mathrm{N\cdot m}$

問題 8-8 ▶▶▶ 正解　**5**

Point!

● 許容曲げ応力度とは「許される」最大の曲げ応力度のこと！

● 許容曲げモーメントとは「許される」最大の曲げモーメントのこと！

問題 8-9

図のような荷重を受ける単純梁に断面 100mm × 200mm の部材を用いた場合、その部材が許容曲げモーメントに達するときの荷重 P の値として、正しいものは、次のうちどれか。ただし、部材の許容曲げ応力度は 20N/mm^2 とし、自重は無視するものとする。

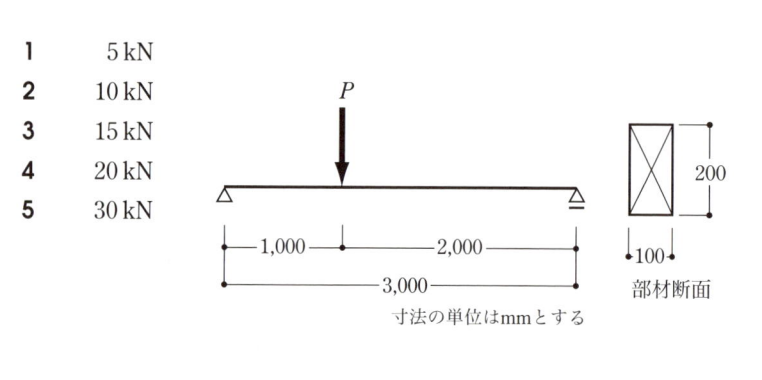

1　　5 kN
2　　10 kN
3　　15 kN
4　　20 kN
5　　30 kN

寸法の単位はmmとする

解 説

許容を最大と置き直して考えます。

1. 反力

   A支点の反力を求めます（図 8-5）。

   $\Sigma M_B = + V_A \times 3{,}000 - P \times 2{,}000 = 0$

   $V_A = \dfrac{2}{3} P$

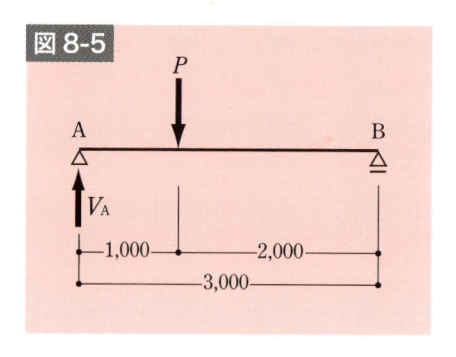

図 8-5

2. 最大曲げモーメント

   最大曲げモーメントは荷重 P がかかる点に発生します。

   $M_{max} = \dfrac{2P}{3} \times 1{,}000 = \dfrac{2{,}000}{3} P$

3. 最大曲げ応力度

   Z を計算しておきます。

   $Z = \dfrac{bh^2}{6} = \dfrac{100 \times 200^2}{6} = \dfrac{2{,}000{,}000}{3}$

$$\sigma_{max} = \frac{M_{max}}{Z} = M_{max} \div Z$$

$$20 = \frac{2,000P}{3} \times \frac{3}{2,000,000}$$

$$P = 20,000\text{N}$$
$$= 20\text{kN}$$

問題 8-9 ▶▶▶ 正解 **4**

Point!
- 荷重 P も数字と見なして計算していこう！

問題 8-10

図のような荷重 P を受ける単純梁に A、B の部材を用いる場合，二つの部材それぞれの許容曲げモーメントの大きさが等しくなる場合の部材 B の幅 x の値として、正しいものは、次のうちどれか。ただし、部材 A、B はともに同じ材料とし、自重は無視するものとする。

1　120 mm
2　240 mm
3　360 mm
4　480 mm
5　600 mm

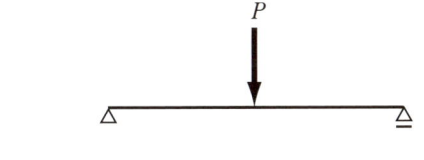

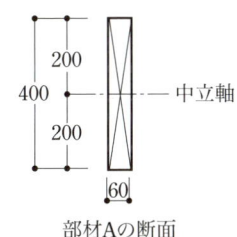

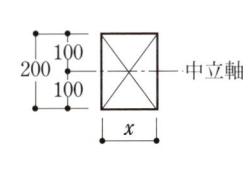

単位はmmとする

解説

「**部材A、Bが同じ材料**」とは、部材A、Bともに許容曲げ応力度が等しいということです。$M = Z \times \sigma$ を $Z = \dfrac{M}{\sigma}$ としてみましょう。

A、B材とも、許容曲げモーメントと許容曲げ応力度が等しいということは、M と σ の許容値がどちらも同じだということです。

つまり、$Z = \dfrac{M}{\sigma}$ ですから、Z の値も等しくなるということです。

部材AのZ：$\dfrac{60 \times 400^2}{6} = 1{,}600{,}000$

部材BのZ：$\dfrac{x \times 200^2}{6} = \dfrac{20{,}000x}{3}$

$$\dfrac{20{,}000x}{3} = 1{,}600{,}000$$

$$\dfrac{x}{3} = 80$$

$$x = 240$$

問題 8-10 ▶▶▶ **正解 2**

POINT！

- 許容曲げモーメントとは「許される」最大の曲げモーメントのこと！

コ ラ ム

●鉄と水とはどちらが重い？●

鉄と水はどちらが重いでしょうか？
単純に考えると鉄の方が重いですね。
でも、質問を変えて「鉄1kgと水1kgはどちらが重い？」と聞かれれば、同じ1kgなので重さは同じと答えざるを得ません。
それでは、「鉄1kgと水10kgはどちらが重い？」という質問ではどうでしょうか。水の方が10倍重いので水と答えることになります。

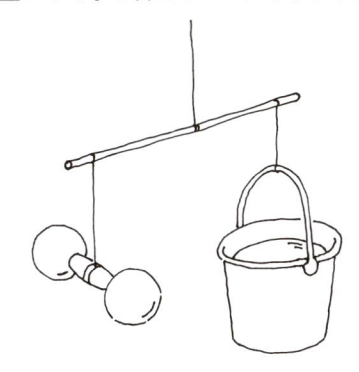

そこで最初の質問に戻ってみましょう。「鉄と水はどちらが重い？」という質問は、あまりにも漠然としていることに気づくでしょう。
それは基準、つまり単位がないからです。
「鉄 $1cm^3$ と水 $1cm^3$ ではどちらが重い？」という質問なら全員が鉄と答えるでしょう。
鉄 $1cm^3$ は約8g、水 $1cm^3$ は約1gだからです。
このように、単位は数量を比べるうえで、とても大切です。

同じ1でも1N（ニュートン）と1kN（キロニュートン）は1,000倍違います。そのために単位の換算という面倒なこともしなければなりませんし、それを間違えて10分の1の強さの材料を作ってしまうこともないとはいえません。
同様に、力に付く＋、－の符号も逆になると大変なことになるのです。

9 トラス

問題 9-1

図のような荷重を受ける静定トラスにおいて、部材 A に生じる軸方向力として、正しいものは、次のうちどれか。ただし、軸方向力は、引張力を「＋」、圧縮力を「－」とする。

1　$-6\sqrt{2}$ kN
2　-6 kN
3　$+4\sqrt{2}$ kN
4　$+6$ kN
5　$+6\sqrt{2}$ kN

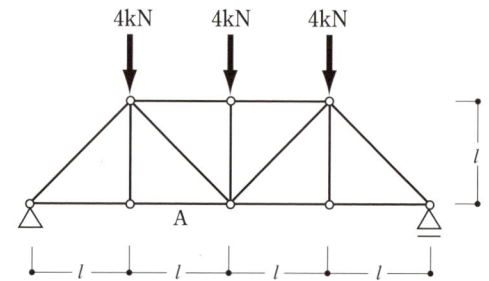

解 説

いよいよトラスの勉強です。

三角形を構成する部材をピンで接合した骨組をトラスといいます。

この問題を解くに当たっての約束ごとがあります。

　1. 荷重は節点（ピン）にしか作用しない。
　2. 部材には軸力（軸なりの力）しか働かない。

この 2 つです。

では、最初の問題です。

この問題は「**切断法**」という方法で解いてみましょう。A 部材を通過して縦に一本、線を引きます。その線をもとに左右どちらかの部分を丸く囲ってみてください（図 9-1）。

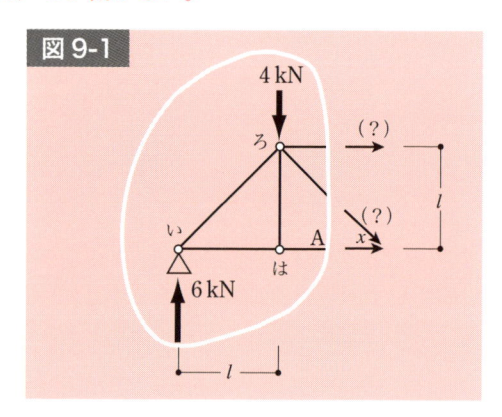

図 9-1

この中の力のつりあいでAの軸力を計算するのです。
一般的には面積の少ない部分を計算することが多いようです。

まず、反力から求めましょう。

構造体も荷重も左右対称なので、どちらの支点の反力も6kNです。

A材を含めて図9-1のように3つの部材を切断しました。そこから飛び出る力を作図してみましょう。求めたい部材の力だけをxとして、残りの2つを(?)としてしまいましょう。前にもやりましたね。(?)は計算式に入れたくないのです。

頼る式は、$\Sigma M = 0$です。どの点で計算すれば、2つの(?)を計算しなくて済むでしょうか。そうです。「ろ」の点ですね。計算するのは、丸く囲まれた力とそこから飛び出ようとする力だけです。

$\Sigma M_ろ = 0$
$\Sigma M_ろ = +6 \times l - x \times l = 0$
$x = +6$

+6の「+」の意味を確認しましょう。これは最初に仮定した力の向きが正しかった、ということでしたね。

この力はA材を引張っているので、A材は引張材といいます。

問題9-1 ▶▶▶ 正解 **4**

Point!
- トラスの部材は切ると軸力が飛び出てくる！

問題 9-2

図のような荷重を受ける静定トラスにおいて、部材Aに生じる軸方向力として、正しいものは、次のうちどれか。ただし、軸方向力は、引張力を「＋」、圧縮力を「－」とする。

1　$-2.0P$
2　$-1.5P$
3　$+\dfrac{\sqrt{2}}{2}P$
4　$+1.5P$
5　$+2.0P$

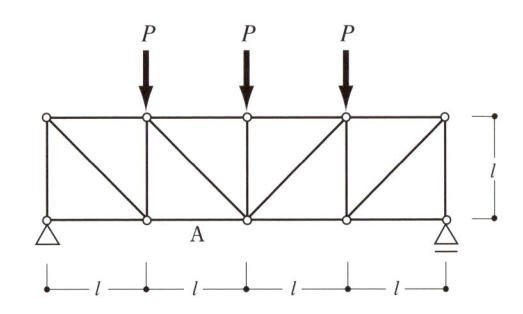

解説

前問とほぼ同じです。やはり左右対称に荷重がかかっているので、反力は上向きに$\dfrac{3}{2}P$ずつです。

A部材を通過しながら、左側を丸く囲ってみましょう。A材の軸力がXで、ほかの2つは（？）です（図9-2）。

図9-2

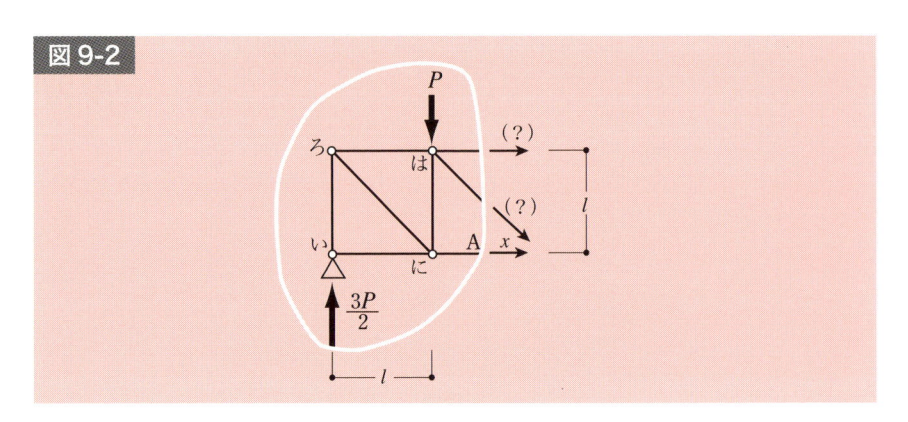

2つの（？）をモーメント計算から除外したい点は、「は」点です。

$\Sigma M_\text{は} = 0$

$\Sigma M_\text{は} = +\dfrac{3}{2} P \times l - x \times l = 0$

$x = \dfrac{3}{2} P = +1.5P$

この符号の「＋」は x の力の向きが正しかったことを意味しています。

A 材は引張材で、軸方向力は ＋1.5P です。

問題 9-2 ▶▶▶ **正解　4**

Point!

● トラスの部材は切ると軸力が飛び出てくる！

問題 9-3

図のような荷重を受ける静定トラスにおいて、部材 A に生じる軸方向力として、正しいものは、次のうちどれか。ただし、軸方向力は、引張力を「＋」、圧縮力を「－」とする。

1　－5kN
2　－4kN
3　－3kN
4　－2kN
5　＋3kN

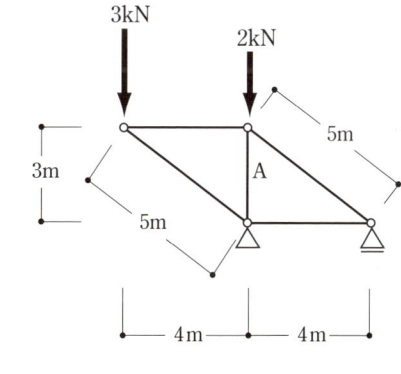

解説

やってみましょう。

A 材を通過して縦に切断したいのですが、図 9-3 のように傾いた切断線になってしまいます。左側を囲みました。B 支点の反力を求めます。水平荷重があり

ませんから、反力も鉛直反力だけです。C点でのモーメントの総和を0として計算しましょう。

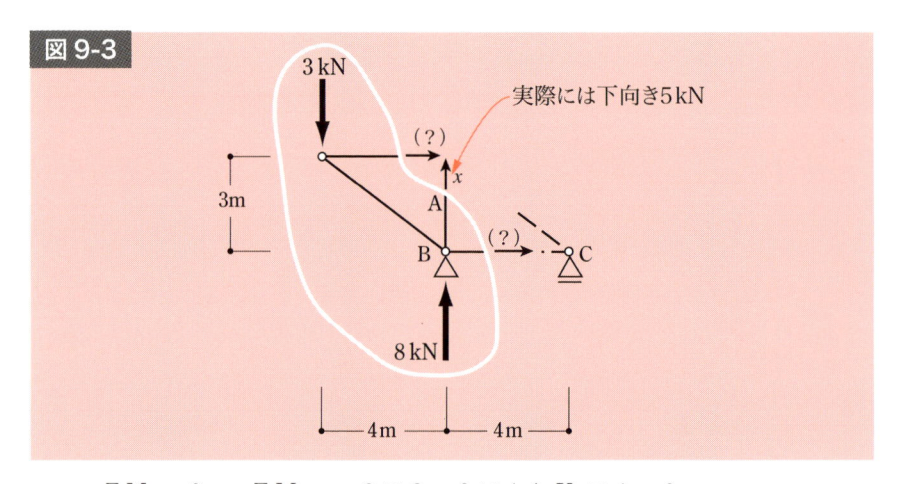

図9-3

$\Sigma M_C = 0$ $\Sigma M_C = -3 \times 8 - 2 \times 4 + V_B \times 4 = 0$
$V_B = +8$

A材の軸力をx、他の2材の軸力を（？）とします。（？）が交わる点がありません。この問題は解けないのでしょうか？

（？）が交わらないときは、$\Sigma M = 0$ ではなくて、$\Sigma X = 0$、$\Sigma Y = 0$ を使います。$\Sigma X = 0$ はどうなっているのでしょうか？囲まれた力とそこから飛び出る力の中で、X方向の力は2つの（？）だけです。この2つの力の向きが逆でつりあっています。

$\Sigma Y = 0$ を考えましょう。対象となる力は荷重の3kNと反力の8kN、そしてxの3つです。そうです。xは下向き5kNです。この力はA材を圧縮しています。答えは**1**です。

問題9-3 ▶▶▶ 正解 **1**

POINT!

- $\Sigma M = 0$ が使えないときは、$\Sigma X = 0$ か $\Sigma Y = 0$ を使うと解ける！

問題 9-4

図のような荷重を受ける静定トラスにおいて、斜材 A に生じる軸方向力として、正しいものは、次のうちどれか。ただし、軸方向力は、引張力を「＋」、圧縮力を「－」とする。

1　－5 kN
2　　0 kN
3　＋5 kN
4　＋10 kN
5　＋15 kN

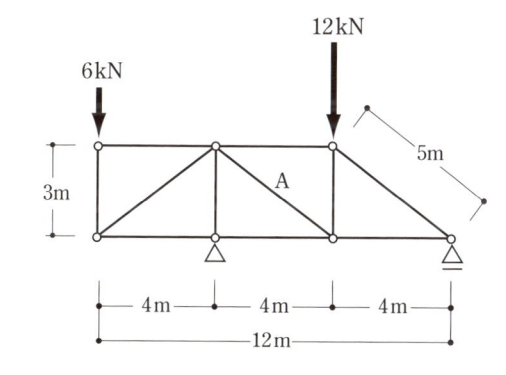

解 説

前問と同じく A 材を通過して、縦に切断し、左側を囲みます（図 9-4）。

図 9-4

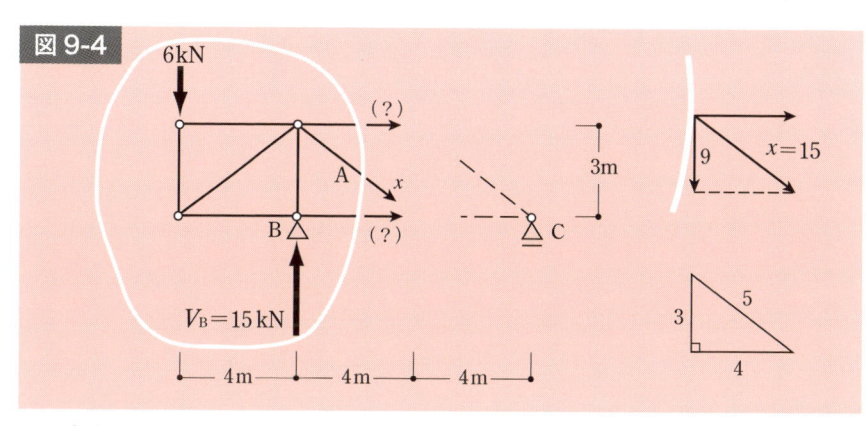

B 支点の鉛直反力を求めます。

$\Sigma M_C = 0$

$\Sigma M_C = -6 \times 12 + V_B \times 8 - 12 \times 4 = 0$

$$V_B = +15$$

A材の軸力をx、他の2つの力を（？）とします。2つの力（？）が交わらないので、$\Sigma M = 0$は使えません。$\Sigma X = 0$と$\Sigma Y = 0$を使います。前問と違うのは、A材が斜材です。ここでは、図9-4のように**xを水平、垂直分力に分解**します。そうすれば、$\Sigma Y = 0$から、垂直分力が下向き9kNであることが分かります。

　その9kNをもとのxに戻すのです。ここでは図の直角三角形の辺の比を使います。値は15kN、符号は「＋」です。

問題9-4 ▶▶▶ 正解 **5**

POINT!

- $\Sigma M = 0$が使えず、分からない力が斜めのときは分力勝負！

問題9-5

図のような荷重を受ける静定トラスにおいて、部材A, B, Cに生じる軸方向力の組合せとして、正しいものは、次のうちどれか。ただし、軸方向力は、引張力を「＋」、圧縮力を「－」とする。

	A	B	C
1	-2kN	$+\sqrt{2}$kN	$+1$kN
2	-2kN	$+\sqrt{2}$kN	-1kN
3	-2kN	$-\sqrt{2}$kN	-1kN
4	$+2$kN	$+\sqrt{2}$kN	-1kN
5	$+2$kN	$-\sqrt{2}$kN	$+1$kN

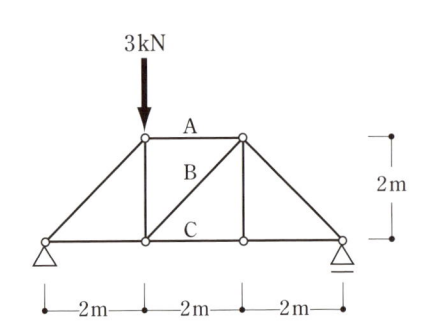

解説

分からない軸力が3つもあります。どうやるのでしょうか？

まず、A, B, C の3つの部材を縦に切断して左側を囲みます。D 支点の反力を求めましょう。

$\Sigma M_E = 0$
$\Sigma M_E = + V_D \times 6 - 3 \times 4 = 0$
$V_D = + 2$

図 9-5

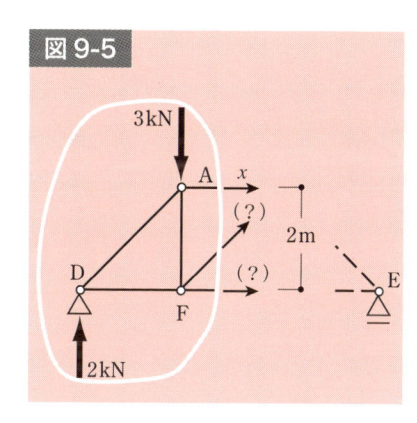

1. A 材を x として、B, C 材を（?）とします（図 9-5）。

   $\Sigma M_F = + 2 \times 2 + x \times 2 = 0$
   $x = - 2$

   「−」は力の向きが逆だということです。A 材は圧縮材です。

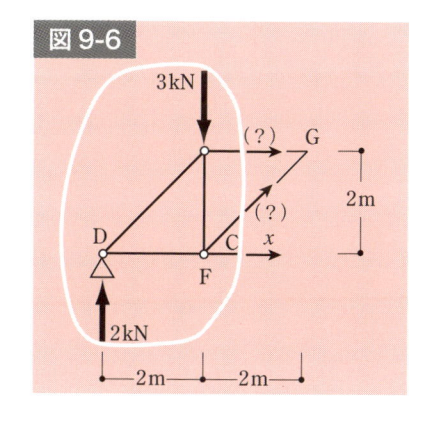

2. C 材を x として、A, B 材を（?）とします（図 9-6）。

   $\Sigma M_G = + 2 \times 4 - 3 \times 2 - x \times 2 = 0$
   $x = + 1$

   C 材は引張材です。

図 9-6

3. B 材を x として、A, C 材を（?）とします（図 9-7）。2つの（?）が交わりません。B 材を分力に分けます。$\Sigma Y = 0$ より、鉛直分力は上向き 1 kN です。これを、もとの B 材に戻します。$\sqrt{2}$ kN で引張材になりました。

図 9-7

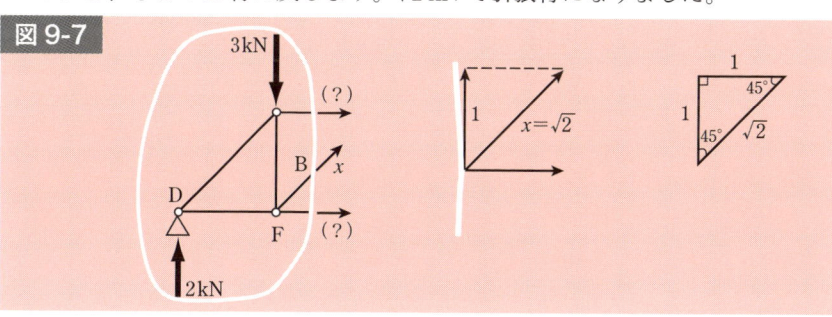

問題 9-5 ▶▶▶ 正解　1

POINT!
- 力についた「−」の符号は力の向きが逆だということ！

問題 9-6

図のような荷重を受けるトラスにおいて、部材 A, B, C, D に生じる軸方向力の組合せとして、正しいものは、次のうちどれか。ただし、軸方向力は、引張力を「＋」、圧縮力を「−」とし、1kN = 0.102tf とする。

	A	B	C	D
1	−5 kN	−5 kN	0 kN	+4 kN
2	−5 kN	−4 kN	0 kN	+5 kN
3	−4 kN	−5 kN	+2 kN	+4 kN
4	+4 kN	+5 kN	+2 kN	−4 kN
5	+5 kN	+5 kN	0 kN	−4 kN

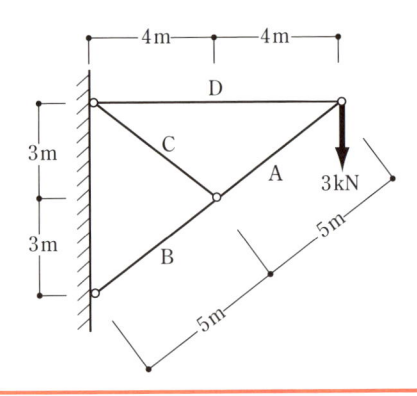

解　説

今までの「切断法」では解きにくい問題です。

新たに、「節点法」を勉強しましょう。「節点法」とは 1 節点での力のつりあいから力の値を求める方法です。

図9-8

圧縮材のようでも引張材

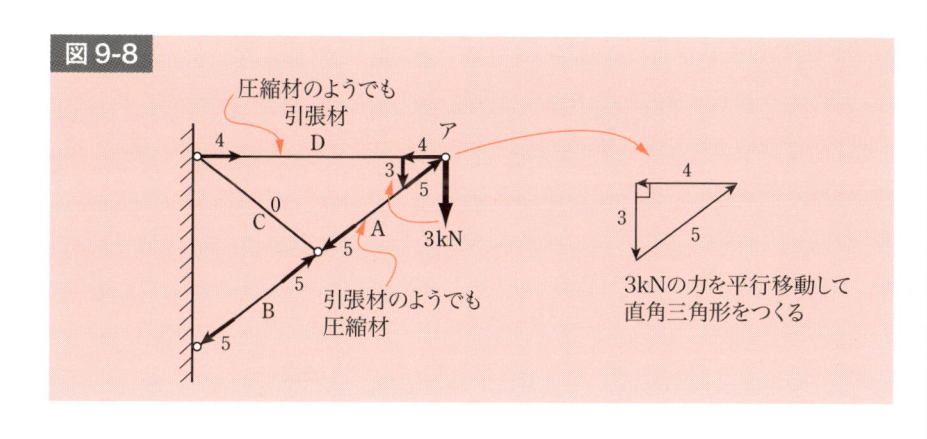

引張材のようでも圧縮材

3kNの力を平行移動して直角三角形をつくる

ア点での力のつりあいは、**三角形で力を閉じる考え方を使います**（図9-8）。この場合、**軸力の向きは図で示された力の向きとは逆になる**と、覚えてください。D材は圧縮材ではなくて引張材になるのです。実際に図の構造体で、先端に3kNの力が加わると、D材は引っ張られることが分かります。また、**節点における軸力は、その接合の仕方で図9-9のようになります**。

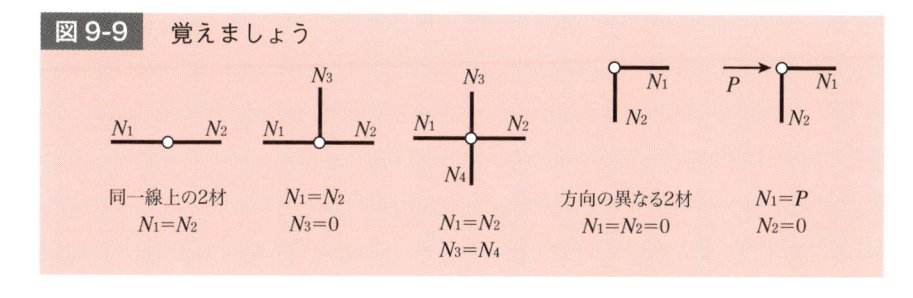

図9-9　覚えましょう

| 同一線上の2材 | $N_1 = N_2$ | $N_1 = N_2$ $N_3 = 0$ | $N_1 = N_2$ $N_3 = N_4$ | 方向の異なる2材 $N_1 = N_2 = 0$ | $N_1 = P$ $N_2 = 0$ |

これらは、つりあいを計算しないで、軸力を判断するときに役に立ちます。この考え方によると、A材とB材の軸力は等しく、C材の軸力は0になります。

問題9-6 ▶▶▶ **正解　1**

P○iNT!

● 力を移動して三角形が作れるときは、節点法を利用する

問題 9-7

図のような荷重を受ける静定トラスにおいて、部材Aに生じる軸方向力として、正しいものは、次のうちどれか。ただし、軸方向力は、引張力を「＋」、圧縮力を「－」とする。

1 　$-3\sqrt{3}P$
2 　$-2\sqrt{3}P$
3 　$-\sqrt{3}P$
4 　$+2\sqrt{3}P$
5 　$+3\sqrt{3}P$

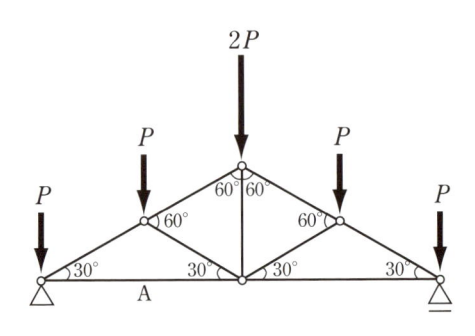

解 説

まず、「節点法」で解いてみましょう。反力は$3P$ずつです（図9-10）。

図9-10 節点法

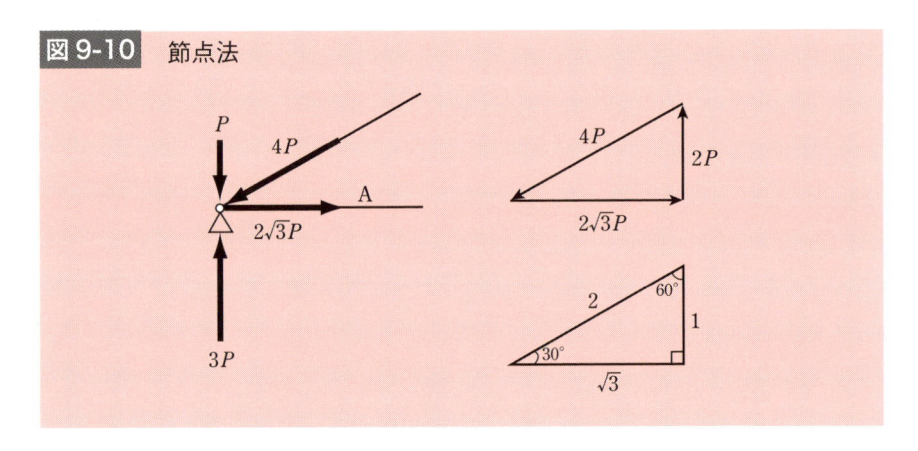

30°、60°の直角三角形の辺の比を利用してAの軸力は$2\sqrt{3}P$となります。圧縮材のようにみえて引張材です。

次は、「切断法」で解いてみましょう（図9-11）。

図9-11 切断法

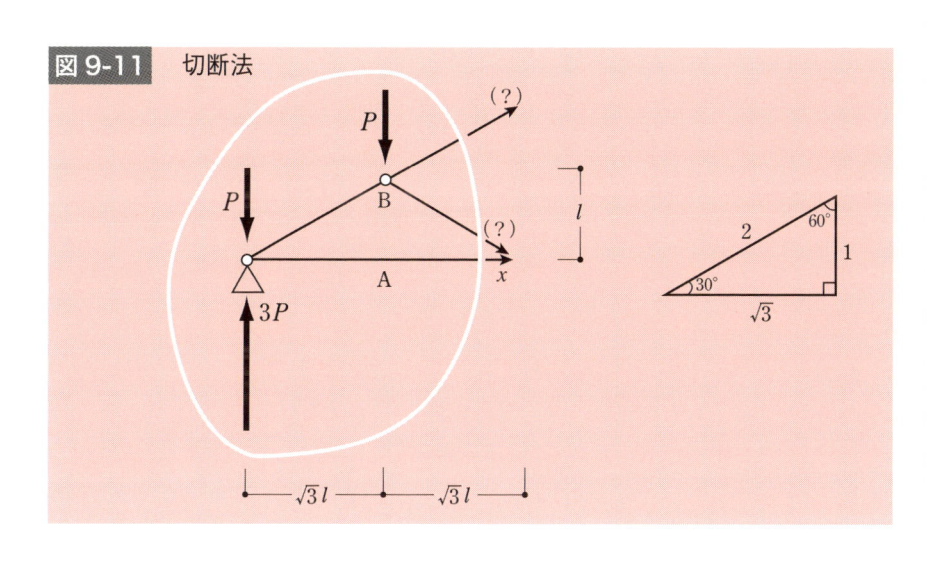

A材を通過して、図9-11のように作図します。また、部材の長さを図のように決めます。反力は$3P$です。

A材の軸力をxとして、他の2つの部材を（？）とします。

$\Sigma M_B = +3P \times \sqrt{3}l - P \times \sqrt{3}l - x \times l = 0$

$\qquad\qquad\qquad x = +2\sqrt{3}P$

A材は引張材です。

問題 9-7 ▶▶▶ **正解 4**

Point!

● 節点法でも切断法でも解ける問題がある！

問題 9-8

図のような外力を受ける静定トラスにおいて、部材 A, B, C に生じる軸方向力の組合せとして、正しいものは、次のうちどれか。ただし、軸方向力は、引張力を「＋」、圧縮力を「－」とする。

	A	B	C
1	0 kN	－1 kN	－2 kN
2	0 kN	＋2 kN	－5 kN
3	＋2 kN	－1 kN	－5 kN
4	＋2 kN	－1 kN	－2 kN
5	＋2 kN	＋2 kN	－2 kN

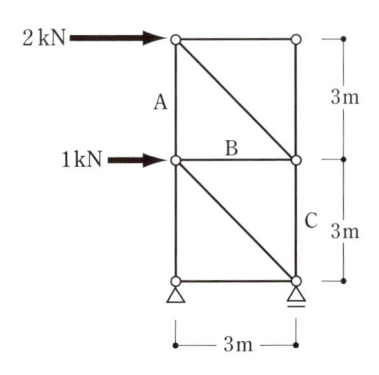

解説

まず、「節点法」で解いてみましょう（図 9-12）。

図 9-12　節点法

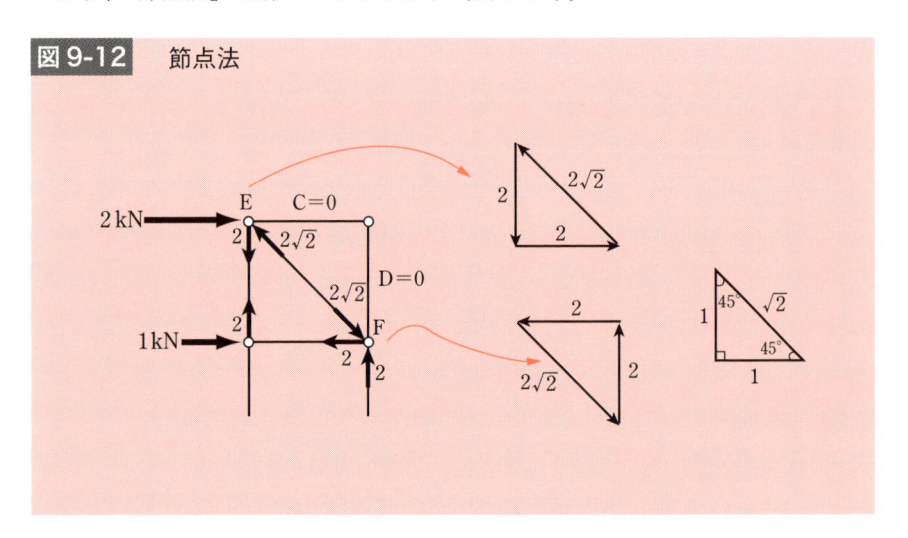

C材もD材も軸力は0です。

E点、F点で力の三角形を作ります。部材の引張、圧縮を間違えないでください。

次は、「切断法」で解いてみましょう（図9-13）。

A, B, Cを斜めに切断して、上部を囲みます。

1. A材をxとして、B, C材を（?）とします。
$\Sigma M_D = +2 \times 3 - x \times 3 = 0$
$x = +2$
A材は引張材です。

2. C材をXとして、A, B材を（?）とします。
$\Sigma M_E = +2 \times 3 + x \times 3 = 0$
$x = -2$
「−」は力の向きが逆だということです。C材は圧縮材です。

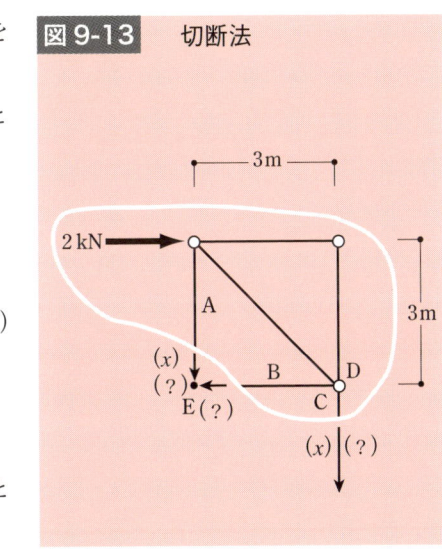

図9-13　切断法

3. B材はA, C材が鉛直方向の部材ですので、$\Sigma X = 0$で求めます。右向き2kNの荷重に対して、B材には、左向き2kNの力がかかります。B材は引張材です。

問題9-8 ▶▶▶ 正解　5

POINT!

● 節点法でも切断法でも解ける問題がある！

問題 9-9

図のような荷重を受ける静定トラスにおいて、部材 A, B, C に生じる軸方向力 N_A, N_B, N_C の組合せとして、正しいものは、次のうちどれか。ただし、軸方向力は、引張力を「＋」、圧縮力を「－」とする。

	N_A	N_B	N_C
1	＋15 kN	－5 kN	＋15 kN
2	＋15 kN	－5 kN	＋10 kN
3	＋15 kN	0 kN	＋15 kN
4	＋10 kN	＋5 kN	＋10 kN
5	＋10 kN	0 kN	＋10 kN

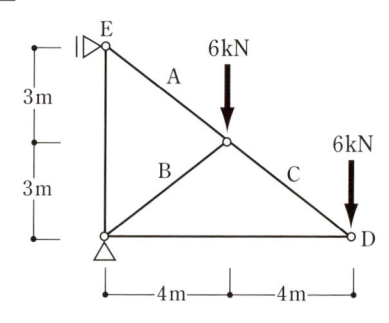

解説

まず、D 点について「節点法」で解いてみましょう（図 9-14）。

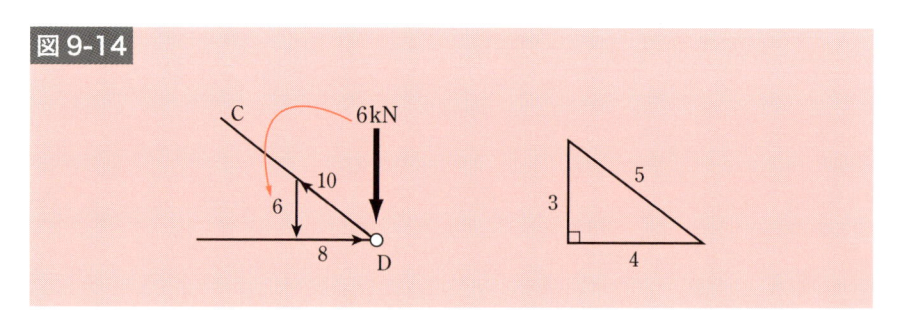

図 9-14

C 材は引張材で＋10kN です。

次にE支点の水平反力を求めます（図9-15）。

E支点はローラーのため、反力は水平反力のみです。

$\Sigma M_F = 0$

$\Sigma M_F = R_E \times 6 + 6 \times 4 + 6 \times 8 = 0$

$R_E = -12$ （kN）

符号の（−）は力の向きが反対ということでした。

E点で節点法で解きます（図9-16）。

A材は引張材で＋15kNです。

これで答えは**2**だとわかりますが、B材も考えてみましょう。

F支点での力をすべて書き出してみます（図9-17）。

$\Sigma X = 0$ より

$\Sigma X = 12 - 8 - B \times \dfrac{4}{5} = 0$

$B = 5$

B材は圧縮材です。

（$\Sigma Y = 12 - 9 - B \times \dfrac{3}{5} = 0$ で計算しても$B = 5$です。）

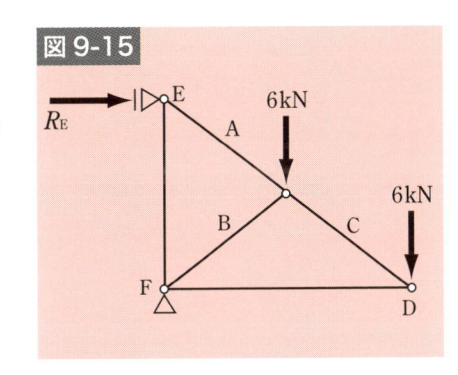

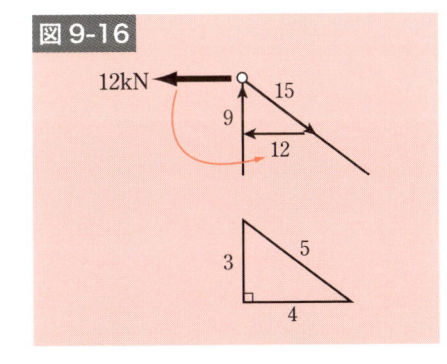

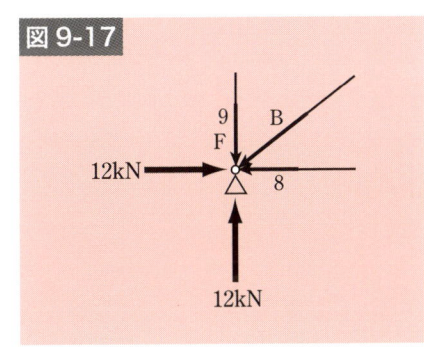

図9-15

図9-16

図9-17

問題9-9 ▶▶▶ 正解 **2**

POINT!

●節点法をよく理解しよう！

問題 9-10

図のような荷重を受けるトラスにおいて、部材（A～D）に生じる応力の組合せとして、正しいものは、次のうちどれか。ただし、引張力を「＋」、圧縮力を「－」とする。

	A	B	C	D
1	＋7.5t	＋7.5t	－2.5t	－4.0t
2	＋7.5t	＋5.0t	－2.5t	－4.0t
3	＋5.0t	＋7.5t	0t	－5.0t
4	＋5.0t	＋7.5t	＋2.5t	－5.0t
5	＋5.0t	＋5.0t	0t	－5.0t

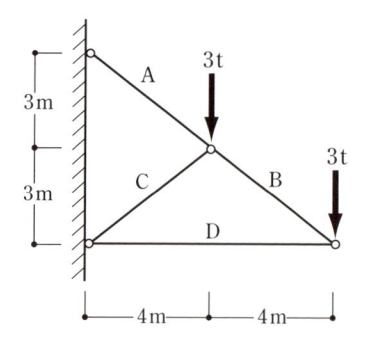

解説　まず、B, D材を求めてみましょう（図9-18）。

B材は引張材で＋5.0t、D材は圧縮材で－4.0tです。この段階で答えは**2**ですがA, C材も求めてみましょう。

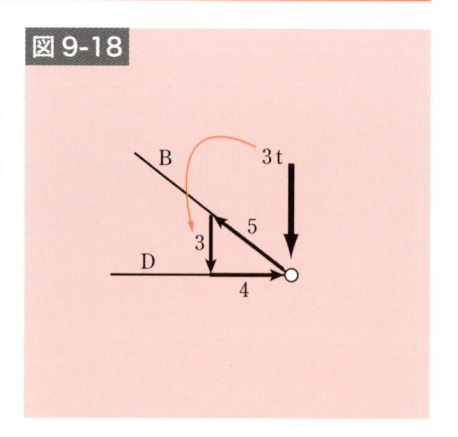

図9-18

図 9-19 のように A, B, C 材の節点 F での**力のつりあい**を **X 方向**（横方向）、**Y 方向**（縦方向）に力を分けて考えてみます。

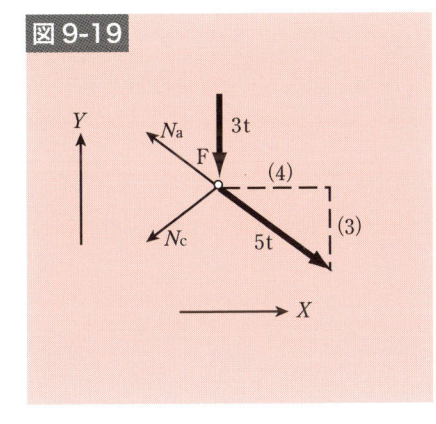

図9-19

3：4：5 の直角三角形の辺の比を利用すると

$\Sigma X = 0$

$\Sigma X = +4 - N_a \times \dfrac{4}{5} - N_c \times \dfrac{4}{5} = 0$

$\quad N_a + N_c = 5$ ―――――――― ①

$\Sigma Y = 0$

$\Sigma Y = -3 - 3 + N_a \times \dfrac{3}{5} - N_c \times \dfrac{3}{5} = 0$

$\quad N_a - N_c = 10$ ―――――――― ②

①、②より　　　$N_a = 7.5\,t$
　　　　　　　　$N_c = -2.5\,t$

N_a は引張材で、N_c は圧縮材です。

問題 9-10 ▶▶▶ **正解　2**

POINT!

- 節点法でできないところは **X 方向**、**Y 方向**の分力で計算する

問題 9-11

図のような外力を受ける静定トラスにおいて、部材 A, B, C に生じる軸方向力の組合せとして、正しいものは、次のうちどれか。ただし、軸方向力は、引張力を「＋」、圧縮力を「－」とする。

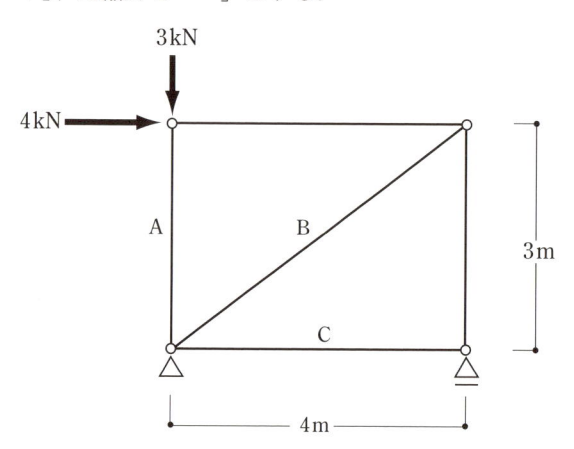

	A	B	C
1	－3 kN	＋5 kN	－4 kN
2	－3 kN	＋5 kN	0 kN
3	0 kN	－5 kN	＋4 kN
4	＋3 kN	－5 kN	0 kN
5	＋3 kN	－5 kN	＋4 kN

解説 D 点では、**力と部材が直角に交わっています。それらはすぐにつりあうため**、A 材には 3kN の圧縮力がはたらきます。E 材の左側の 4kN に向き合う力が E 材の右側に発生し、F 点で他の 2 材と三角形を作ってつりあいます。B 材は引張材で 5kN です。

G 点では、H 材と鉛直反力がつりあって、C 材とつりあう相手がいません。軸力は 0 です（図 9-20）。

図 9-20

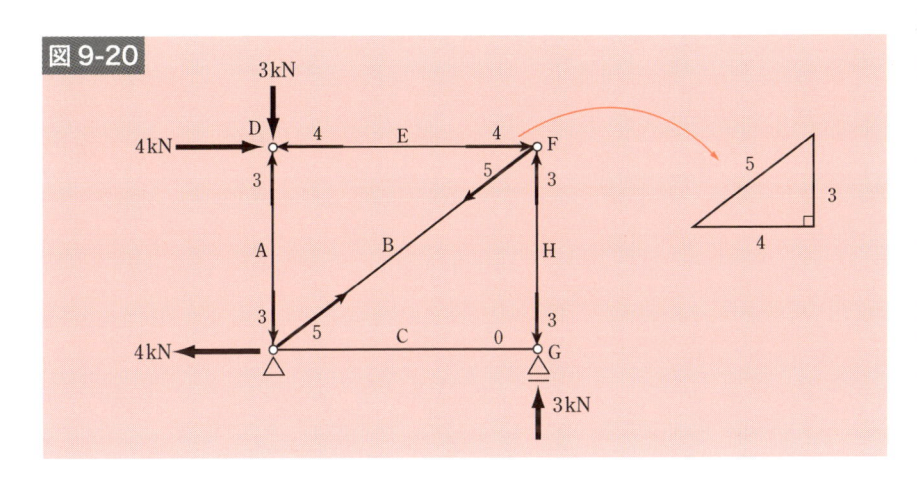

問題 9-11 ▶▶▶ 正解 **2**

POINT!
● 節点の接合の仕方による力の関係を覚えよう！

ちょっと ひと息 ― 解答 ―

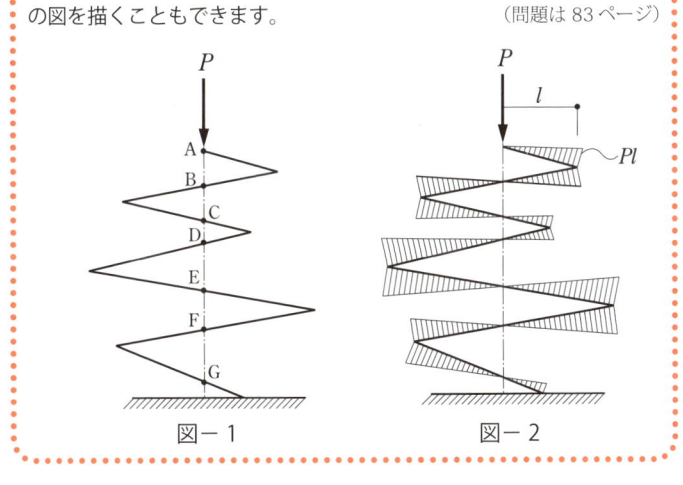

曲げモーメントは力×距離なので、距離が 0 の点を探します。答えは図-1 の A, B, C, D, E, F, G 点です。また、これをもとに曲げモーメントの図を描くこともできます。

（問題は 83 ページ）

図－1

図－2

111

10 伸 び

問題 10-1

図のような剛体に結合されている部材A～Dが、弾性変形の範囲内で同一の変形（伸び）となるように力 P を下方に加えた場合、部材A～Dに生じる垂直応力度の大小関係として、正しいものは、次のうちどれか。ただし、部材A～Dの断面積は同一とし、ヤング係数 E 及び長さ l は下表に示す値である。また、部材A～D及び剛体の自重は無視するものとする。

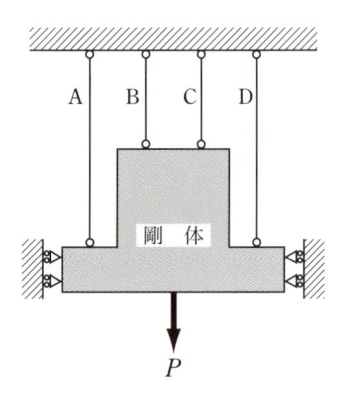

部　材	ヤング係数 E（kN/mm^2）	部材の長さ l（mm）
A	200	200
B	200	100
C	100	100
D	100	200

1　A＝B＞C＝D
2　A＞B＝D＞C
3　A＝D＞B＝C
4　B＞A＝C＞D
5　B＞A＞C＞D

解 説

今まで勉強した中で、使える式があるでしょうか？
あります。5章で学習した、ヤング係数を表す次の式です。

$$E = \frac{\sigma}{\varepsilon}$$

E ＝ヤング係数（N/mm²）
σ＝応力度（N/mm²）
ε＝ひずみ度（無次元）

この式を変形して、$\sigma = E \times \varepsilon$ とします。設問の垂直応力度は、σのことです。また、$\varepsilon = \frac{\Delta l}{l}$ でしたから、
$\sigma = E \times \frac{\Delta l}{l}$ と書き替えられます。A, B, C, D 材は**上下が剛体に結合されているため伸びる長さは同じ、つまり Δ l は４つとも同じ値**です。すなわち、$\frac{E}{l}$ だけを比べることで A, B, C, D の垂直応力度の大小関係を判断します。

A：$\frac{E}{l} = \frac{200}{200} = 1$

B：$\frac{E}{l} = \frac{200}{100} = 2$

C：$\frac{E}{l} = \frac{100}{100} = 1$

D：$\frac{E}{l} = \frac{100}{200} = 0.5$

B＞A＝C＞D です。

問題 10-1 ▶▶▶ **正解 4**

POiNT!

● $E = \frac{\sigma}{\varepsilon}$ と $\varepsilon = \frac{\Delta l}{l}$ を上手に組み合わせる！

著者略歴

青田 道保（あおた みちやす）

1977 年　北海道大学工学部建築工学科卒業
1980 年　一級建築士 取得
1986 年～ 2008 年
　　　　　建築士受験専門塾「青田学習会」代表
2008 年～ 建築士養成機関にて講師として活動中

2級建築士試験　わかる！できる！構造力学
にきゅうけんちくししけん　　　　　　　　こうぞうりきがく

発行日	2016年9月22日　初版第一刷発行
著　者	青田 道保
発行人	仙道 弘生
発行所	株式会社 水曜社
	〒160-0022 東京都新宿区新宿 1-14-12
	TEL 03-3351-8768　FAX 03-5362-7279
	URL suiyosha.hondana.jp/
編集・制作	南風舎
印　刷	シナノ印刷 株式会社

© AOTA Michiyasu 2016, Printed in Japan
ISBN978-4-88065-392-1 C3052

本書は『必ずできる！構造力学』（相模書房2009年）を改題し、復刊したものです。

本書の無断複製(コピー)は、著作権法上の例外を除き、著作権侵害となります。
定価はカバーに表示してあります。落丁・乱丁本はお取り替えいたします。

好評発売中

鉄筋コンクリート構造を初めて学ぶ人の必携書

改訂新版
鉄筋コンクリートの構造設計入門
常識から構造計算まで

工学博士 田中礼治 著　A5判 並製 本体価格 3,000 円
ISBN978-488065-386-0

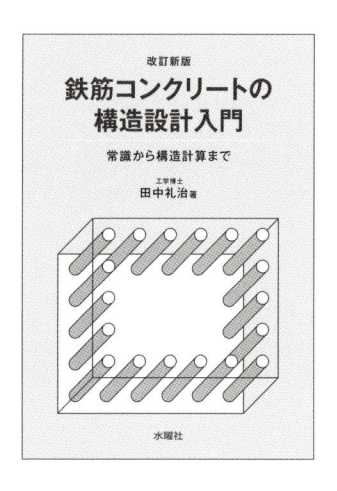

鉄筋コンクリート構造の常識、構造計算の基本的な考え方から実際の構造計算書の作り方まで分かりやすく解説。鉄筋コンクリートの構造設計を学ぶ人の入門書として長きにわたり支持されるロングセラー書。

※『改訂新版 鉄筋コンクリートの構造設計入門』(相模書房2003刊)を復刊したものです。

全国の書店でお買い求めください。価格は税別です。